AF196933

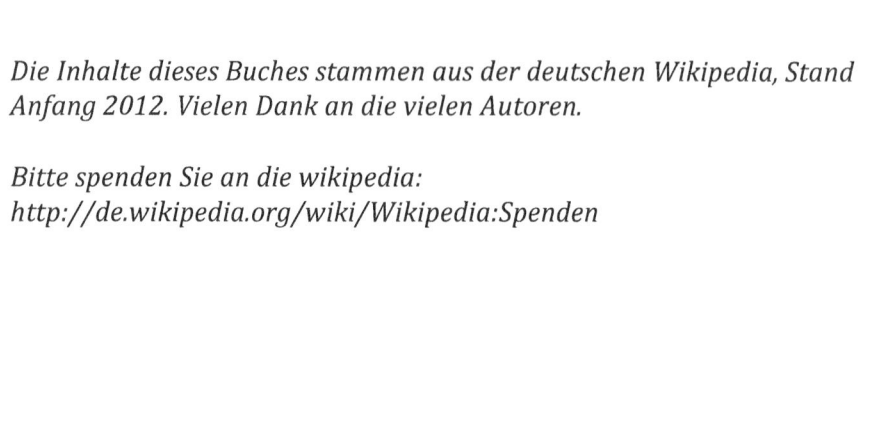

Die Inhalte dieses Buches stammen aus der deutschen Wikipedia, Stand Anfang 2012. Vielen Dank an die vielen Autoren.

Bitte spenden Sie an die wikipedia:
http://de.wikipedia.org/wiki/Wikipedia:Spenden

Wiki Digest

Potenzmittel

Von mechanischen Erektionshilfen
bis hin zu Medikamenten wie Viagra und Co

www.tredition.de

Verlag: tredition GmbH
Printed in Germany
ISBN: 978-3-8491-1798-6

Bibliografische Information der Deutschen Nationalbibliothek:
Die Deutsche Nationalbibliothek verzeichnet diese Publikation in der
Deutschen Nationalbibliografie; detaillierte bibliografische Daten sind
im Internet über http://dnb.d-nb.de abrufbar.

Inhaltsverzeichnis

Kapitel 1: Hintergrund und Ursachen der Potenzstörung

Erektile Dysfunktion

Nächtliches Opfer an Priapus; ein Mann opfert ein Schwein (links unten), um von seiner Impotenz geheilt zu werden (Fresko aus der Mysterienvilla in Pompeji)

Eine erektile Dysfunktion – Abkürzung ED, auch Erektionsstörung, Potenzstörung, veraltet: Impotentia coeundi (von lateinisch coire ‚zusammengehen', ‚sich begatten', vgl. Koitus), im Volksmund auch Impotenz – ist eine Sexualstörung, bei der es einem Mann über einen gewissen Zeitraum hinweg in der Mehrzahl der Versuche nicht gelingt, eine für ein befriedigendes Sexualleben ausreichende Erektion des Penis zu erzielen oder beizubehalten. Kurzfristige Erektionsstörungen gelten hingegen nicht als ED.

Bedeutung

Die ED ist eine schwerwiegende Erkrankung. Dank moderner Untersuchungsmethoden ist heute bekannt, dass in der überwiegenden Zahl der Fälle organische Leiden eine Rolle spielen. Treten jedoch gleichzeitig nächtliche Erektionen auf, sind psychische Ursachen (wie Stress) anzunehmen.

Die ED ist häufig auch Vorbote anderer, noch schwerer wiegender Erkrankungen und sollte daher immer ärztlich untersucht werden. Wissenschaftliche Studien zeigen, dass die ED oft ein Hinweis auf bevorstehenden Herzinfarkt und Schlaganfall ist, da die Blutgefäße des Penis denen des Herzens ähneln. Nach einer diagnostizierten ED sollten daher immer auch vom Internisten weitere Untersuchungen vorgenommen werden.

Viele Betroffene gehen aus falscher Scham zunächst nicht zum Andrologen. Oft aber ist eine rasche – bei Verletzungen sofortige – Untersuchung erforderlich, um Langzeitschäden zu vermeiden und die Fähigkeit zur Erektion erfolgreich wiederherstellen zu können.

Ursachen

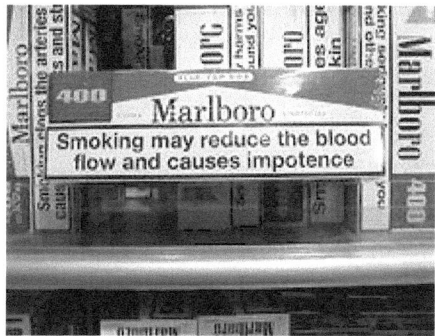

Warnungshinweis auf Zigarettenpackungen

Organische Ursachen für die erektile Dysfunktion sind oftmals Zuckerkrankheit, Bluthochdruck, Operationen, Verletzungen am Schwellkörper, aber auch Folgen von langjähriger Einnahme von Suchtmitteln oder Drogen wie Rauchen oder übermäßiger Alkoholkonsum. Dabei kommt es zu Schädigungen von Blutgefäßen oder Schwellkörpern. Besonders ältere Männer leiden an ED, Schätzungen zufolge jeder zweite Mann über 40. Nach amerikanischen Erhebungen der letzten Jahre haben 52 % aller Männer, die älter als 40 Jahre sind, mehr oder weniger große Probleme mit ihrer Erektion.

Erektionsprobleme können u. a. bedingt sein durch:

* Verkalkung der zuführenden Blutgefäße
* Lecks in den Schwellkörpern zu den ableitenden Venen (nicht selten, schwer zu erkennen)
* bindegewebigen Umbau der Schwellkörper, z. B. nach Dauererektion (Priapismus)
* Schädigung der die glatte Muskulatur versorgenden Nerven (Nn. erigentes) im kleinen Becken, z. B. durch größere Operationen an Prostata und Mastdarm, Bestrahlung, Verletzung, aber auch durch Blutzuckerkrankheit, Alkoholmissbrauch und andere Stoffwechselerkrankungen mit Neuropathie

- Rückenmarksschädigung, die das Erektionszentrum betreffen, manche Querschnittslähmungen (nicht alle)
- Medikamente, die Neuro-Blocker beinhalten (z. B. Antiepileptika, Antidepressiva)
- Betablocker
- psychische Ursachen wie Stress
- sehr selten: Mangel an männlichem Geschlechtshormon. Bei Testosteronspiegeln unter 15 nmol/l ist ein Libidoverlust wahrscheinlicher, bei Spiegeln unter 10 nimmt die Wahrscheinlichkeit für Depressionen und Schlafstörungen zu, Hitzewallungen und erektile Dysfunktion werden meist erst bei unter 8 beobachtet.

Diagnose

Der Urologe wird zuerst in einem Anamnesegespräch klären, wie die sexuellen Probleme genau aussehen und seit wann sie bestehen. Hierin bieten sich erste Anzeichen, ob es psychische Faktoren gibt, die zum Potenzverlust führen. Es folgt eine Risiko- und Medikamentenanamnese, um herauszufinden, ob der Patient Vorerkrankungen hat, welche zur ED führen könnten, ob er Medikamente mit einem solchen Effekt einnimmt.

Eine körperliche Untersuchung und der Ultraschall können Hinweise auf Verletzungen geben; aus einer Blutprobe lässt sich auf hormonelle Störungen schließen. Bei nicht schwerwiegenden Befunden wird der Patient mit PDE-5-Hemmern versorgt. Schlägt die Therapie nicht an oder gibt es Anzeichen für organische Schäden (z. B. an Gefäßen), werden invasivere Methoden gewählt, um die Ursache zu finden. Hierzu zählen:

- Nächtliche penile Tumeszenz- und Rigiditätsmessung (NPTR-Messung)
- Corpus-Cavernosum-Elektromyogramm (CC-EMG)
- Penile Sympathische Hautantwort (PSH)

- Schwellkörperinjektionstestung (SKIT)
- Pharmakophalloarteriographie (PPAG)
- Pharmakokavernosometrie und -graphie (PKMG)

Die NPTR-Messung zeichnet nächtliche Erektionen auf. Ein Gesunder hat diese drei bis sechs Mal pro Nacht, mindestens zehn Minuten lang. Treten sie beim Kranken auf, ist eine organische Störung ausgeschlossen, es muss psychische Gründe für die ED geben. Bei der SKIT, die auch als Schwellkörperinjektionstherapie genutzt wird, wird durch Medikamente (Papaverin, Phentolamin und Prostaglandin) eine Erektion hervorgerufen. Hält sich diese über 15 Minuten, kann eine Störung der Gefäße mit großer Wahrscheinlichkeit ausgeschlossen werden. Eine während des Anflutens des Blutes gemachte Duplexsonographie bietet während dessen objektive Daten über den Blutfluss.

CC-EMG und PSH messen Nerven- bzw Muskelaktivitäten. Mit ihnen können also nervöse und muskulare Leiden ausgeschlossen werden. Bringt die SKIT ein verdächtiges Ergebnis, können mittels PPAG arterielle und mittels PKMG venöse Ursachen gesucht werden. Beim PPAG werden die Arterien des Schwellkörpers mit Kontrastmittel und Röntgengerät dargestellt. Beim PKMG wird der Druck im Penis gemessen, während dieser durch Medikamente bzw. Kochsalzinfusion steif gehalten wird. Gelingt dies nur unter hohem Fluss von Kochsalz oder gar nicht, wird von einer venösen Abflussstörung ausgegangen.

Behandlung

Neben den organischen Ursachen liegt die wichtigste Ursache für erektile Dysfunktionen im psychischen Bereich und dem Rollenverständnis des Mannes, der sich Erwartungen gegenübersieht, die er nicht erfüllen kann oder möchte. Da diese Vorgänge zum Teil unterbewusst ablaufen, kann eine Sexualtherapie mit Paarbezug hilfreich sein. In seltenen Fällen kommen auch so genannte Surrogatpartner zum Einsatz, die die Rolle des Wunschpartners übernehmen und eine erwartungsfreie Begegnung mit der eigenen Sexualität ermöglichen. Masters und Johnson stellten in den 1970er Jahren fest, dass die Behandlung von Homosexuellen am einfachsten ist, da sie nicht unter dem „Druck" stehen, einen Koitus wie Heterosexuelle ausführen zu müssen.

In vielen Fällen können potenzsteigernde Medikamente die Beschwerden lindern. Von der Selbstmedikation, insbesondere mit im Internet bestellten Arzneistoffen, ist dringend abzuraten, da vor der Einnahme bestimmte Kontraindikationen ausgeschlossen werden müssen; diese sind meist auch nicht geprüft bzw. zugelassen.

Manchmal lässt sich eine ED operativ beheben, etwa bei bestimmten Gefäßverletzungen. Radikalmaßnahmen hingegen, wie die Penisprothese, kommen nur noch sehr selten zum Einsatz.

Ergänzend hierzu bzw. anstelle der medikamentösen Therapie kann eine so genannte Penispumpe (bei ärztlicher Verordnung Kostenübernahme durch die Krankenversicherung) eingesetzt werden; positiv: bei sachgemäßer Anwendung sind keine Nebenwirkungen zu erwarten.

Derzeit erhältliche Medikamente

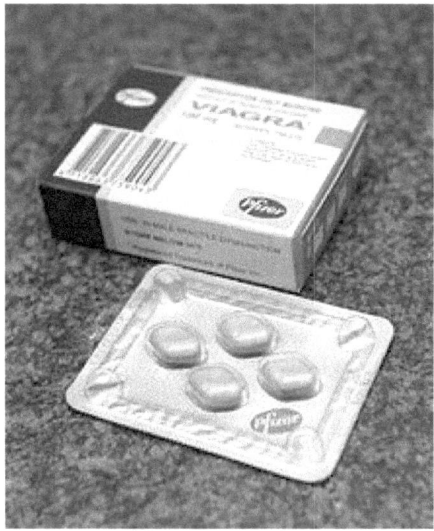

Viagra-Tabletten mit Packung

Derzeit zugelassen und in wissenschaftlichen Studien untersucht sind die rezeptpflichtigen PDE-5-Hemmer Sildenafil (Viagra), Vardenafil und Tadalafil (derzeit keine Kostenübernahme durch gesetzliche Kassen). PDE-5-Hemmstoffe wirken nicht bei kompletter Schädigung der für die Erektion zuständigen Nerven. Apomorphin und Yohimbin werden kaum noch verordnet.

Eine wichtige Alternative sind lokal angewandte Prostaglandine, die überwiegend wirksam sind, aber injiziert oder in die Harnröhre eingebracht werden müssen. Vor allem die Injektion ist als SKAT-Methode (Schwellkörper-Autoinjektions-Therapie) verbreitet, führt aber auf lange Sicht zur weiteren Verschlechterung der Situation und zu irreversiblen Schädigungen des Schwellkörpergewebes. MUSE (Medikamentöses Urethrales System zur Erektion) ist die Verabreichung des Wirkstoffs in Stäbchenform über ein mechanisches Gerät

(Applikator) in die Harnröhre, wo er über die (feuchte) Schleimhaut aufgenommen wird.

Erektile Dysfunktion im Sozialleben

In der Öffentlichkeit werden die Beeinträchtigungen der Betroffenen durch ihre Erkrankung, insbesondere die psychischen Nebenfolgen, oft nicht in ausreichendem Maß wahrgenommen. In Deutschland sind private und gesetzliche Krankenkassen zur Übernahme der Kosten von Potenzmitteln nicht verpflichtet.

Prominente wie der legendäre Fußballspieler Pelé unterstützen Kampagnen, um ED zu enttabuisieren. Genau dieser Kampagne wird aber auch eine (bewusste) Umgehung des in Deutschland geltenden Verbotes der Werbung für verschreibungspflichtige Medikamente vorgeworfen, obwohl kein Markenname explizit genannt wird.

Kirchenrecht

Die impotentia coeundi ist auch ein Begriff des katholischen Kirchenrechtes. Hier gilt eine anhaltende impotentia coeundi nach kirchlicher Auffassung als Ehehindernis. In diesem Zusammenhang wird darunter allgemein die Unmöglichkeit des Geschlechtsaktes zwischen Ehepartnern verstanden, unabhängig davon, ob die Ursache beim Mann oder bei der Frau liegt.

- www.erektions-sprechstunde.de
- www.urologielehrbuch.de Kapitel Erektile Dysfunktion
- Erektile Dysfunktion nach Prostata-Operation
- Hintergrundinfos und Selbsttest des Deutschen Internistenverbandes
- Infoportal zum Thema Erektionsstörung

Kapitel 2: Allgemeines über Potenzmittel

Potenzmittel

Als Potenzmittel, Erektionshilfen bezeichnet man umgangssprachlich Wirkstoffe, die der Bekämpfung der erektilen Dysfunktion (Impotenz) dienen sollen.

Übersicht

Neben historisch bekannten volkstümlichen Potenzmitteln (z. B. spanische Fliege) und meist unwirksamen unseriösen Mitteln, die in Illustrierten angeboten oder durch Spam-Mails beworben werden, sind von der pharmazeutischen Industrie in der letzten Zeit viele neue, medizinisch nachweisbar wirksame Potenzmittel entwickelt worden, die man in Form von Tabletten oder Dragees einnehmen kann.

Bei den peroralen Wirkstoffen unterscheidet man

- Initiatoren (mit erektionsauslösender Wirkung),
- Konditionierer (Unterstützung der Bedingungen für eine E-rektion).

Daneben gibt es noch andere Maßnahmen gegen die erektile Dysfunktion:

- die Schwellkörperinjektion direkt in den Penis (z. B. mit *Caverject* oder *Viridal*),
- direkt in die Harnröhre einzuführende Therapeutika (z. B. *Muse*),
- Vakuum-Erektionshilfen oder
- Beckenbodentraining.

In der Regel als ultima ratio kommen chirurgische Eingriffe in Frage (siehe Artikel: Penisvergrößerung). Darunter zählen die Einpflanzung hydraulischer Penisprothesen sowie die sogenannte Penisaugmentation. Diese Methoden werden auch eingesetzt, wenn der Penis – zumindest subjektiv – generell zu klein ist.

Erektionsprobleme sind häufig Anzeichen noch schwerwiegender Erkrankungen als die erektile Dysfunktion selbst und bedürfen in der Mehrzahl der Fälle einer raschen Behandlung, um Folgeschäden auszuschließen.

Medikamentöse Potenzmittel

Übersicht über potenzsteigernde Arzneistoffe:

*   Cantharidin (Wirkstoff aus der spanischen Fliege)
*   Yohimbin
*   L-Arginin
*   Apomorphin
*   PDE-5-Hemmer: Sildenafil (Viagra), Vardenafil (Levitra), Tadalafil (Cialis)
*   Melanocortinrezeptor-Agonisten: Bremelanotid
*   Maca
*   Alprostadil

PDE-5-Hemmer

Zu den PDE-5-Hemmern zählen die „Potenzmittel" der neueren Generation wie die Arzneistoffe Sildenafil, Vardenafil und Tadalafil. Alle haben sie ein gemeinsames Wirkprinzip: Durch Hemmung des Enzyms Phosphodiesterase-5 werden Gefäße in den Geschlechtsorganen weit gestellt und ermöglichen so eine verbesserte Durchblutung.

Im Vergleich stellen sich die derzeit am Markt verfügbaren PDE-5-Hemmer folgendermaßen dar:

Als erstem Vertreter der Wirkstoffgruppe besteht mit Sildenafil die längste Erfahrung in der therapeutischen Anwendung, positive Erfahrungen gibt es auch bei Problemgruppen. In die Kritik geriet Sildenafil mit Fällen von Herztod, die im zeitlichen Zusammenhang mit der Einnahme gemeldet wurden.

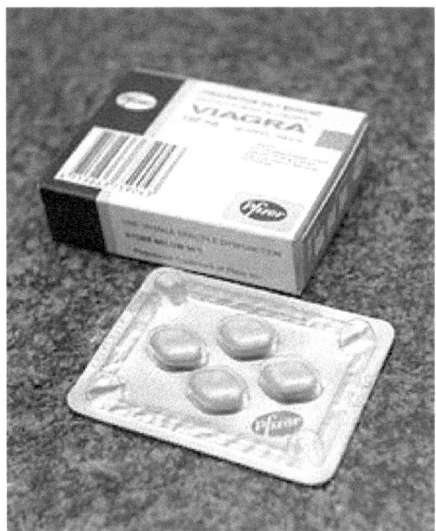

Eine Packung Viagra

Generell sind Nebenwirkungsspektrum und -stärke bei allen drei Präparaten vergleichbar. Bei mangelnder Wirkung eines Präparates (Non-Responder) hilft es gelegentlich - aber nicht oft - eines der anderen Präparate zu verwenden. Die längere gewünschte Wirkung von Tadalafil geht mit verlängerten unerwünschten Wirkungen (teilweise Sehstörungen, Kopfschmerzen, Blutdruckabfall etc.) einher.

Untersuchungen haben gezeigt, dass bei Männern, die auf Viagra allein nicht ansprechen (Viagra-Non-Responder), oft eine Wirkung eintritt, wenn vorher Arginin eingenommen wurde. In anderen Fällen konnte mit der Aminosäure Arginin eine Art Dosiseinsparungseffekt festgestellt werden. Arginin setzt NO (Stickstoffmonoxid) frei, welches eine Erweiterung (Dilatation) der Blutgefäße bewirkt. Daher wird die Einnahme der Aminosäure Arginin als natürliche Alternative zu den PDE-5-Hemmern bei ED (erektiler Dysfunktion) gesehen.

Yohimbin

Das aus der Rinde des Yohimbe-Baumes gewonnene und oral angewendete Yohimbin wird ebenfalls bei Erektionsstörungen eingesetzt. Seine Wirkung soll einerseits auf die Blockade von α_2-Adrenozeptoren auf Blutgefäßen in den männlichen Geschlechtsorganen und andererseits auf die Blockade von α_2-Adrenozeptoren im Zentralnervensystem zurückzuführen sein. In höherer Dosierung wirkt Yohimbin außerdem an Serotonin-(5-HT)-Rezeptoren. Mit dem Aufkommen der gut wirksamen PDE-5-Hemmer für die Behandlung der erektilen Dysfunktion ist die Bedeutung des schwach und unzuverlässig wirkenden Yohimbins aber zurückgegangen.

Prostaglandin-E1 Analoga

Alprostadil

Alprostadil ist ein Gewebshormon, welches in den Muskelzellen der Arterien eine Erschlaffung bewirkt. Dadurch erweitern sich diese Blutgefäße, das umliegende Gewebe wird verstärkt durchblutet.

Schwellkörperinjektion

Alternative Bezeichnungen für die Schwellkörperinjektion sind: Schwellkörper-Auto-Injektions-Therapie (SKAT) und Penisspritze. Hierbei wird das Prostaglandin-E1 Analogon Alprostadil in den Schwellkörper gespritzt und es kommt zum Erschlaffen der glatten

Muskulatur und zu Bluteinstrom. Alprostadil ist als Wirkstoff in den gängigen Präparaten Caverject und Viridal enthalten. Diese Therapie gibt es seit den 1980er Jahren.

Die richtige Dosierung muss in mehreren Sitzungen mit dem Facharzt ermittelt werden. Dabei wird auch die richtige Anwendung (Einstichstelle, Einstichtechnik, Anwendungshäufigkeit und zeitlicher Mindestabstand) erlernt, da bei nicht sachgerechter Anwendung die Gefahr einer mehrstündigen schmerzhaften Dauererektion besteht. Weiterhin können Verletzungen der Harnröhre, der Gefäße oder der Nerven auftreten. Der Wirkstoff wird direkt in den Schwellkörper gespritzt. Weil die Nadel sehr dünn ist, ist die Injektion fast schmerzfrei.

Häufigste Nebenwirkung auch bei sachgerechter Anwendung sind Penisschmerzen und Narbenbildung am Injektionsort. Bei richtiger Dosierung tritt nach wenigen Minuten die Erektion auf, die etwa eine Stunde anhält. Die Erfolgsrate liegt bei ca. 70 bis 80 %.

Weitere Verabreichungswege

Neben der Injektion gibt es auch die - nicht ganz so erfolgreiche - Möglichkeit, dass der Wirkstoff Alprostadil über ein in die Harnröhre eingeführtes Stäbchen („Minizäpfchen") angewendet wird („Medicated Urethral System for Erection" = MUSE). Im Versuchsstadium befindet sich das Verfahren, den Wirkstoff mittels einer Salbe oder eines Gels auf der Penisaußenseite aufzutragen.

Mechanische Erektionshilfen

Penispumpe

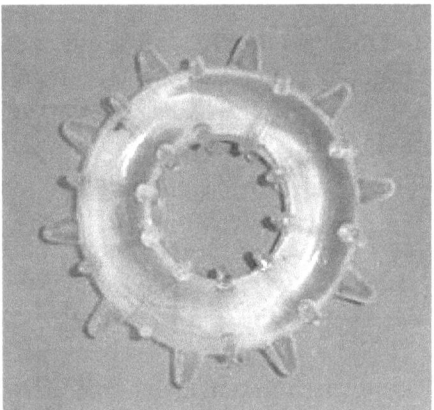

Ein Cockring aus Kunststoff

Eine Penispumpe ist ein Zylinder, der über den Penis gesteckt wird, verbunden mit einer manuellen oder automatischen Pumpe, um eine Saugwirkung zu erzielen. Durch den entstehenden Unterdruck wird Blut in den Penis gezogen, was ihn steifer macht. Steigt das Vakuum, steigt auch der Druckunterschied zwischen dem inneren Blutdruck und dem umgebenden Luftdruck; Übermäßiger Druck führt zu Schäden an den Blutgefäßen statt zu einem härteren Glied.

Solche Pumpen wurden ursprünglich zur externen Erektionsauslösung bei Diabetikern oder Querschnittsgelähmten entwickelt. Auch finden sie ihren Einsatz in der Behandlung von Impotenz. Es gibt sie in verschiedenen Preiskategorien, die hauptsächlich durch die Art der Pumpe definiert werden. Zu den Pumpen werden oftmals auch Cockringe verwendet, die nach dem Erzeugen der Erektion um das untere Ende des Penis gelegt werden, um die Erektion aufrechtzuerhalten, nachdem die Pumpe entfernt wurde.

Wegen der gefährlichen Nebenwirkungen von Pumpen werden diese von führenden Urologen inzwischen nicht mehr empfohlen. Jede Woche werden in der Urologischen Abteilung des Universitätsklinikums in München/Großhadern durchschnittlich 15 Patienten wegen geplatzter Venen im Penis operiert. Die Folgen bei Nichtbehandlung des Zustands können Impotenz, Thrombose, Blutvergiftung und ein Absterben des Penis sein.

Quetschen und Massieren

Übungen, die im Wesentlichen darin bestehen, mit der Hand Blut vom Becken in den Penis zu pressen, sollen regelmäßig wiederholt werden. Bei diesen Übungen kann schnell das Schwellkörpergewebe überlastet werden. Auch sind irreparable Gefäßschäden nicht auszuschließen. Es gibt keine wissenschaftlichen Studien, die eine Wirksamkeit bestätigen.

Medikamente aus illegalem Verkauf

Der Vertrieb von potenzsteigernden Medikamenten ist ein lukrativer Milliardenmarkt für die Pharmaindustrie, aber auch von Betrügern, die gefälschte Präparate im Internet anbieten.

„Natürliche" Erektionshilfen werden am
Straßenrand angeboten (Türkei, 2006)

Beschlagnahmte Fälschungen von Viagra-Tabletten

Entsprechende Tropfen auf pflanzlicher Basis werden im Internet in großem Stil, etwa durch Spam-Mails, beworben. Die nachweislich sehr wirksamen rezeptpflichtigen Präparate Viagra und Cialis sind die meistbeworbenen Produkte. Fälschungen von Viagra sind vielfach einträglicher als der Handel bestimmter illegaler Drogen. Der Erwerb von rezeptpflichtigen Medikamenten aus illegalem rezeptfreiem Verkauf ist mit Gesundheitsrisiken behaftet, da die Pillen in sehr großen Mengen gefälscht werden.

Bei einer Analyse von „Flora Research" in Kalifornien und der Universität Maryland wurden verschiedene gesundheitsgefährdende Stoffe in solchen Tablettenfälschungen festgestellt. Darunter Erde, Hefe, gefährliche E.-coli-Bakterien, Pestizide und Blei. Eine amerikanische Firma, die intensiv solche Pillen vertrieben hatte, wurde von den Behörden geschlossen und vor Gericht gestellt, weil sie wirkungslose Tabletten verkaufte und außerdem Kreditkartenbetrug beging.

Beckenbodentraining

Das Beckenbodentraining, nach seinem Erfinder Arnold H. Kegel (1894–1981) auch Kegelübung genannt, dient dazu, die Muskulatur des Beckenbodens zu trainieren. Dies ist wie bei jeder anderen Muskelgruppe möglich. Allerdings ist ein gezieltes Training der Beckenbodenmuskulatur für viele Menschen schwierig, weil es sich dabei um „unsichtbare", im Körperinneren verborgene Muskeln handelt.

Problematik

Ein nicht oder schlecht trainierter Beckenboden kann zu vielfältigen Problemen führen. Bei Frauen kann es in Folge von Schwangerschaft und Geburt, Übergewicht und Alterung zu Blasen- und Gebärmuttersenkungen kommen, was auch zu Harninkontinenz oder sogar Stuhlinkontinenz führen kann. Nach der Geburt hilft ein Beckenbodentraining, welches zumeist im Rahmen der Rückbildungsgymnastik durchgeführt wird, den stark beanspruchten und gedehnten Beckenboden zu stärken. Beckenbodentraining wirkt aber auch vorbeugend.

Männer leiden wegen ihrer anderen Anatomie wesentlich seltener als Frauen unter den Folgen eines schwachen Beckenbodens. Allerdings gehört ein Beckenbodentraining zur unerlässlichen Rehabilitation z. B. nach Prostatakrebsoperationen. Nach einer solchen Operation sind die meisten Männer zunächst harninkontinent. Durch Beckenbodentraining ist bei 90 Prozent der Operierten eine Wiederherstellung oder zumindest deutliche Verbesserung der Kontinenz zu erreichen. Auch zur Behandlung einer Ejaculatio praecox wird das Beckenbodentraining regelmäßig und mit Erfolg eingesetzt.

Systematik

Die wichtigste Voraussetzung für ein erfolgreiches Beckenbodentraining ist die Fähigkeit, den Beckenboden wahrzunehmen und diesen isoliert anzuspannen. Deshalb wird empfohlen, sich ein Beckenbodentraining zunächst von einer geschulten Person, etwa einem Physiotherapeuten oder einer Hebamme, vorführen zu lassen, um das Training der richtigen Muskelpartien zu erlernen. Teilweise wird zum Beckenbodentraining auch der aus der Pflege bekannte Schinkengang eingesetzt. Um den Effekt zu steigern, ist ein Training des gesamten Körpers, besonders des Beckens und der Rückenmuskulatur, angeraten.

Eine weitere Methode des Beckenbodentrainings für Frauen ist die Anwendung von kleinen in die Vagina eingeführten Gewichten, den Feminakonen (oder Vaginalkonen). Ebenso werden von Hebammen Liebeskugeln empfohlen. Ihre Anwendung ist aber erst sinnvoll, wenn der Beckenboden bereits eine gewisse Grundspannung aufweist, d.h. nicht vollständig erschlafft ist.

Effekt

Ein richtig und regelmäßig durchgeführtes Beckenbodentraining ermöglicht die Stärkung und Straffung der Beckenbodenmuskulatur und dient somit etwa der Vorbeugung und Behandlung einer Harninkontinenz infolge Beckenbodenschwäche und Überlastung der Schließmuskeln.

Mit Beckenbodentraining, vor allem in Kombination mit einer medikamentösen Therapie, konnte in einer Studie eine deutliche Verbesserung der weiblichen Belastungsinkontinenz nachgewiesen werden.

Eine weitere Studie bestätigt die weithin vertretene These, dass Beckenbodentraining positive Wirkung auf die Orgasmusfähigkeit der

Frau erzielt. Daneben hat Kegel bereits 1952 die Behandlung von vor-
zeitiger Ejakulation beim Mann mit Hilfe des Beckenbodentrainings
systematisch untersucht und die Erfolge dokumentiert.

3. Kapitel: Medikamentöse Behandlung

Sildenafil

Strukturformel	
Allgemeines	
Freiname	Sildenafil
Andere Namen	• IUPAC: 1-{[3-(1-Methyl-7-oxo-3-propyl-6,7- di-hydro-1H-pyrazolo[4,3-d]pyrimidin-5-yl)- 4-ethoxyphenyl]sulfonyl}-4-methylpiperazin • Latein: Sildenafilum
Summenformel	$C_{22}H_{30}N_6O_4S$

CAS-Nummer	• 139755-83-2 (Sildenafil) • 171599-83-0 (Sildenafil·Citrat)
PubChem	5212
ATC-Code	G04BE03
DrugBank	DB00203

Arzneistoffangaben

Wirkstoffklasse	PDE-5-Hemmer
Wirkmechanismus	Enzymhemmung der Phosphodiesterase-5

Verschreibungspflichtig: Ja

Eigenschaften

Molare Masse	474,58 g·mol
Schmelzpunkt	• 187–189 °C • 191–202 °C (als Citrat)

Sicherheitshinweise

Bitte beachten Sie die eingeschränkte Gültigkeit der Gefahrstoffkennzeichnung bei Arzneimitteln

EU-Gefahrstoffkennzeichnung

Keine Einstufung verfügbar		
R- und S- Sätze	R: *siehe oben*	
	S: *siehe oben*	

Soweit möglich und gebräuchlich, werden SI-Einheiten verwendet. Wenn nicht anders vermerkt, gelten die angegebenen Daten bei Standardbedingungen.

Sildenafil ist ein Arzneistoff, der 1998 von dem US-amerikanischen Unternehmen Pfizer unter dem Namen Viagra zur Behandlung der erektilen Dysfunktion (Erektionsstörung) beim Mann, also als Potenzmittel, als Tabletten in abgestuften Wirkstärken auf den Markt gebracht wurde. Seit 2006 wird Sildenafil auch zur Behandlung der idiopathischen pulmonal-arteriellen Hypertonie unter dem Markennamen Revatio vertrieben.

Sildenafil war der erste Arzneistoff der Wirkstoffklasse der PDE-5-Hemmer. Umgangssprachlich wird der Name Viagra gelegentlich auch als Sammelbegriff für andere Medikamente dieser Wirkstoffgruppe, beispielsweise Tadalafil (Cialis), Vardenafil (Levitra) verwendet.

In Deutschland, Österreich und der Schweiz ist Sildenafil in allen verfügbaren Darreichungsformen (Filmtabletten: 25, 50, 100 mg Sildenafil) verschreibungspflichtig.

Wirkungsweise

Wirkmechanismus

Ein Teil des physischen Prozesses der Erektion beinhaltet die Freisetzung von Stickstoffmonoxid (NO) im Corpus cavernosum. Dadurch wird das Enzym Guanylatzyklase aktiviert, welches die Ausschüttung von cyclischem Guanosinmonophosphat (cGMP) erhöht. So wird eine leichte Muskelentspannung im Corpus Cavernosum ausgelöst, welche das Einströmen von Blut und damit die Erektion ermöglicht.

Sildenafil ist ein potenter selektiver Hemmer der cGMP-spezifischen Phosphodiesterase vom Typ 5 (PDE-5), die für die Herabsetzung von cGMP im Corpus Cavernosum verantwortlich ist. Als Resultat wird beim Einsatz von Sildenafil eine normale sexuelle Stimulation zu erhöhten Blutspiegeln von cGMP im Corpus cavernosum und damit zu einer verstärkten Erektion führen. Ohne eine sexuelle Stimulation und Aktivierung des NO/cGMP-Systems löst Sildenafil keine Erektion aus.

Der gleiche Wirkmechanismus trifft auch für die Substanzen Tadalafil und Vardenafil zu.

Sildenafil wird durch Leberenzyme abgebaut und sowohl über die Leber als auch über die Nieren ausgeschieden. Wenn es mit fettreicher Nahrung eingenommen wird, ist ein verzögerter Abbau und eine verringerte Wirkung zu erwarten.

Einsatz bei erektiler Dysfunktion (ED)

Nach Studien ermöglicht der Wirkstoff Sildenafil bei 69 % der männlichen Patienten eine Erektion, die für die Dauer eines Geschlechtsverkehrs aufrechterhalten wird. Sildenafil hat im Gegensatz zu den bis dahin eingesetzten Potenzmitteln, die sich die Patienten z. B. mit der

Nadel in den Penis spritzen mussten, den Vorteil, dass es nur dann wirkt, wenn der Patient auch sexuell erregt ist.

Ausmaß und Dauer einer Erektion hängen vom Blutzufluss und Blutabfluss in den Schwellkörpern des Penis ab. Die Blutzufuhr wird durch ringförmige Muskeln in der Arterienwand des Corpus cavernosum gesteuert. Im nicht erigierten Zustand sind diese angespannt und verschließen die Gefäße. Wird der Mann jedoch sexuell erregt, führt dies in den betreffenden Muskelzellen zur Bildung von cGMP (zyklischem Guanosinmonophosphat). Die Muskeln entspannen sich und der Gefäßquerschnitt wird vergrößert, was dazu führt, dass arterielles Blut in die Schwellkörper fließt und eine Erektion auslöst. Molekularer Gegenspieler des cGMP ist das Enzym Phosphodiesterase-5 (PDE-5), welches das cGMP spaltet. Sildenafil wirkt dadurch, dass es PDE-5 blockiert und dafür sorgt, dass auch geringe Mengen von cGMP zu einer Erektion führen. Untersuchungen haben gezeigt, dass Viagra auch bei Non-Respondern wirken kann, wenn vorher Arginin gegeben worden war. Zudem konnte bei Sildenafil eine Art Dosiseinsparungseffekt festgestellt werden. Arginin setzt ebenfalls Stickstoffmonoxid frei, welches eine Erweiterung (Dilatation) der Blutgefäße bewirkt.

Einsatz bei sexuellen Funktionsstörungen der Frau

2004 hat der Pharmakonzern Pfizer nach mehrjähriger Forschung entschieden, den Wirkstoff Sildenafil nicht für Frauen auf den Markt zu bringen. Tests an rund 3000 Frauen mit sexuellen Funktionsstörungen hätten keine brauchbaren Ergebnisse geliefert. Nach dem großen Erfolg von Sildenafil im Einsatz bei Männern sollte eigentlich ein ähnlich gewinnbringender Markt für Frauen aufgebaut werden. Das Unternehmen war jedoch (vor allem durch die Fachzeitschrift „British Medical Journal") in die Kritik geraten, unter dem Namen „weibliche sexuelle Funktionsstörung" (FSD) gezielt ein Krankheitsbild zu schaffen.

Einsatz bei idiopathischer pulmonal-arterieller Hypertonie

Seit 2006 ist Sildenafil unter dem Markennamen Revatio zur Behandlung der idiopathischen pulmonal-arteriellen Hypertonie bei Patienten im NYHA-Stadium III im Handel. Kritiker bemängeln, dass die zugelassene Dosierung von 3×20 mg für eine optimale Therapie nicht ausreichend sei und die wichtigsten Studien mit bis zu 3×80 mg Sildenafil durchgeführt wurden. Diese Dosierung ist aber in Deutschland nicht für die Therapie zugelassen.

In der Neonatologie wird Sildenafil in letzter Zeit außerhalb der Arzneimittelzulassung zunehmend bei extremen Frühgeborenen mit bronchopulmonaler Dysplasie (BPD) zur Senkung des pulmonalen arteriellen Gefäßwiderstands eingesetzt.

Sonstige Wirkungen und Einsatzbereiche

Außer den oben genannten Bereichen ist eine Wirkung und ein Einsatz von Sildenafil bei verschiedenen speziellen Krankheitsbildern beschrieben:

- Sklerodermie
- Arterielle Hypertonie bei Hunden
- Höhenkrankheit

Es gibt erste Untersuchungen, nach denen Sildenafil die Auswirkungen des bei der Krankheit Mukoviszidose durch einen Gendefekt gestörten CFTR-Proteins korrigieren kann. Ebenfalls diskutiert wird der Einsatz von Sildenafil zur Behandlung des Schlaganfalls.

Risiken und Nebenwirkungen

Kontraindikationen

Die gleichzeitige Einnahme von Sildenafil mit nitrathaltigen Medikamenten (z. B. das bei älteren Menschen weit verbreitete Nitrolingual-Spray) oder NO-Donatoren (dazu zählt auch das Szene-Medikament Poppers) ist kontraindiziert. Durch die kombinierte Wirkung auf den Blutdruck droht ein akuter lebensbedrohlicher Blutdruckabfall – es sollte sofort ein Notarzt alarmiert werden, der über die genommene Medikation in Kenntnis gesetzt werden muss.

Abgesehen von dieser Kontraindikation stellt der Einsatz bei Patienten mit koronarer Herzkrankheit dann ein Risiko dar, wenn der erfolgreiche Geschlechtsverkehr für den Kreislauf eine zu hohe Beanspruchung bedeutet.

Wechselwirkungen

Auch einige AIDS-Medikamente werden durch Sildenafil negativ beeinflusst, so dass HIV-Infizierte das Mittel nur mit gewissen Risiken einnehmen können.

Nebenwirkungen

Bei der Einnahme auftretende Nebenwirkungen: Kopfschmerzen (10,8 %), Gesichtsrötung (10,9 %), Magenbeschwerden (3 %), Rhinitis (4 %), abnorme visuelle Wahrnehmungen (2,8 %; z. B. blaue Schleier im Gesichtsfeld, erhöhte Lichtempfindlichkeit), Herabsetzung des Reaktionsvermögens, Schwindelgefühle, Dyspepsie, verstopfte Nase, Rücken- und Muskelschmerzen, Dauererektion (Priapismus). Es wurden bereits Fälle von nichtarteriitischer anteriorer ischämischer Optikusneuropathie beobachtet. Dies führt in seltenen Fällen zu Einbußen der Sehfähigkeit oder zur Erblindung. Die aktuellen Erkenntnisse zu diesen Nebenwirkungen führten im Sommer 2006 zur Aussendung eines Rote-Hand-Briefes sowie zur Änderung der Fachinformation für Sildenafil. Neuerdings liegen auch Hinweise vor auf plötzlich auftretende Hörstörungen im Zusammenhang mit Sildenafileinnahme.

In der Vergangenheit wurde Sildenafil hin und wieder durch groß aufgemachte Pressemitteilungen bekannt, in welchen von Todesfällen berichtet wurde. Diese traten aber in allen nachvollziehbaren Fällen durch Nichtbeachtung der Kontraindikationen auf. Ein hohes Risiko ist in diesem Zusammenhang, Sildenafil ohne die Verordnung eines Arztes, der diese Risiken abschätzen kann, einzunehmen.

Bedeutung des Handelsnamens Viagra

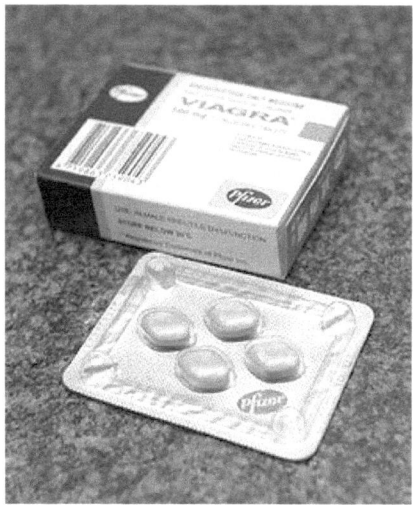

Eine Schachtel Viagra von Pfizer

Die Bezeichnung Viagra ist ein rechtlich geschütztes Kunstwort. Angeblich setzt sie sich aus den Begriffen vigor (lateinisch für „Stärke") und Niagara zusammen. Nebenbei ist „Viagra" homophon zu vyaghra, dem Sanskrit-Wort für Tiger.

33

Große Bekanntheit hat das Produkt erhalten, weil es im Internet millionenfach mittels Spam-Mails beworben wird. Internetversandhändler, meist aus den USA, versenden die entsprechenden Tabletten auch ohne das notwendige Rezept in alle Welt. Abgesehen von den Nebenwirkungen des Wirkstoffs setzt man sich dabei dem Risiko aus, gefälschte oder verunreinigte Produkte zu erhalten.

Generika

Die Herstellung von Sildenafil ist patentrechtlich geschützt; es darf daher nur von dem Unternehmen Pfizer oder in deren Lizenz auf den Markt gebracht werden.

2013 läuft das Pfizer-Patent in Deutschland aus. Ratiopharm kündigte für diesen Zeitpunkt bereits ein billiges Sildenafil-Generikum an. In Österreich wurden inzwischen mehrere generische Sildenafil-Präparate zugelassen, dennoch können sie, trotz gültiger behördlicher Zulassung, aufgrund der Patentsituation derzeit noch nicht vermarktet werden. Indien ist Herkunftsland für eine Reihe von Sildenafil-Generika, da es noch kein den Anforderungen der WTO entsprechendes Patentrecht für Pharmazeutika besitzt. Die Einfuhr von verschreibungspflichtigen Medikamenten ist in Deutschland zollrechtlich wie auch arzneimittelrechtlich verboten und unterliegt den VuB-Regeln.

Neben der oben erwähnten echten Generika gibt es im Handel auch Scherzartikel oder Produkte mit anderer Zusammensetzung, die lediglich den Namen und die Rautenform bzw. blaue Farbe der Originalpillen imitieren.

Auswirkungen

Mit der Markteinführung von Sildenafil war die erektile Dysfunktion erstmals bei vielen Patienten ohne große Unannehmlichkeiten behandelbar. Dies hatte weit reichende Folgen auf das Sexualleben in vielen Familien und Partnerschaften. Auf der einen Seite war vielen Patienten, die aufgrund von Erkrankungen wie Diabetes, KHK, usw. nicht mehr in der Lage waren, eine Erektion zu erlangen, wieder die Möglichkeit zu einem erfüllten Liebesleben gegeben.

Auf der anderen Seite klagten schon bald Ehefrauen/Partnerinnen, die an den sexarmen Zustand „gewöhnt" waren, dass ihr Partner für sie plötzlich anstrengender geworden sei, als sie es sich wünschen würden. Es stellte sich heraus, dass für den Einsatz von Viagra eine intensive Beratung nicht nur mit dem Arzt, sondern auch mit der Partnerin sinnvoll ist.

Ein weiteres breites Einsatzfeld findet Viagra in der Pornoindustrie. Es gibt Gerüchte, nach denen der Gebrauch von Sildenafil bei männlichen Pornodarstellern weit verbreitet sei. Ob Sildenafil wirklich zur „Standardtherapie" gehört, oder nur als „Notnagel" zur Verfügung steht, ist unklar. Konnten Darsteller früher maximal zwei bis drei Szenen am Tag drehen, so sind sie jetzt beim Einsatz von Viagra nur durch die Wirkdauer (etwa vier Stunden) begrenzt. Sein Extrem findet diese Entwicklung im so genannten Reverse-Gangbang, in welchem ein männlicher Darsteller in kurzer Zeit Sex mit bis zu 30 Darstellerinnen hat. Diese Filme wurden erst durch Viagra möglich.

Viagra gilt als dasjenige Medikament, das als erstes nachweislich zu einer Verbesserung des internationalen Artenschutzes beigetragen hat: Vor allem in asiatischen Ländern werden traditionell von seltenen Tieren gewonnene Stoffe als Aphrodisiaka verwendet. Durch die weltweite Verbreitung von Sildenafil ist die Jagd auf bedrohte Tierarten zum Zweck der Potenzmittel-Gewinnung mittlerweile zurückgegangen.

Kostenübernahme durch die Krankenversicherung

Gesetzliche Krankenversicherung

Bis zum 31. Dezember 2003 wurden die Kosten von den Krankenkassen – zumeist erst nach Rechtsstreit – übernommen.

§ 34 Abs.1 SGB V Satz 7 schließt seit 1. Januar 2004 die Arzneimittel aus, bei deren Anwendung eine Erhöhung der Lebensqualität im Vordergrund steht. Dazu zählen u. a. Arzneimittel, die überwiegend zur Behandlung der erektilen Dysfunktion oder der Anreizung sowie Steigerung der sexuellen Potenz dienen, wie Viagra. Auf die Ursache der Störung kommt es nach dem Gesetzestext nicht an. Eine Ausnahmeregelung sehen weder Gesetz noch die Arzneimittel-Richtlinien (Anlage 8) vor.

Die Kosten für die Behandlung der Pulmoarteriellen Hypertonie mit Revatio werden von den gesetzlichen Krankenkassen getragen.

Private Krankenversicherung

Das vielfach von Versicherungen vorgebrachte Argument, Potenzprobleme bei älteren Männern seien „normale altersbedingte Fehlfunktionen" wurde in einem Verfahren gegen eine private Krankenversicherung vor dem Landgericht Dortmund (AZ: 2 S 25/04) im September 2004 zurückgewiesen.

Ebenso: OLG Karlsruhe – 12 U 32/03 – 3. Juli 2003; OLG München – 25 U 4628/99 – 8. August 2000 (NJW 2000, 3442)

Anders hatte noch das LG Köln (23.0.57/02) am 20. August 2003 entschieden, als es eine erektile Dysfunktion für keine Krankheit und Viagra für kein symptomatisches Medikament erklärte.

Beihilfe

Das Bundesverwaltungsgericht hat mit Urteilen vom 28. Mai 2008 entschieden, dass Sildenafil nicht über die nach den ab 2004 geltenden Beihilferegeln erstattungsfähig ist (Aktenzeichen 2 C 24.07 und 2 C 108.07).

Das Oberverwaltungsgericht Rheinland-Pfalz hatte mit Urteil vom 17. Mai 2002 (Az. 2 A 11755/01.OVG) entschieden, dass Sildenafil ein Arzneimittel ist, dessen Kosten nicht grundsätzlich von der Beihilfegewährung ausgeschlossen werden dürfen, eine entsprechende medizinische Indikation (hier: erektile Dysfunktion nach Prostatakrebsoperation) vorausgesetzt.

Auf ähnlicher Linie lag ein Urteil des Verwaltungsgericht Düsseldorf vom 2. September 2005 (26 K 371/05), das Tadalafil als ein über die Beihilfe erstattungsfähiges Medikament behandelt.

Handelspräparate

- Erektile Dysfunktion: Viagra (EU, CH), Kamagra (Indien), Vigoran (Ägypten)
- Pulmonale Hypertonie: Revatio (EU, CH)

- Arzneimittel-Kompendium der Schweiz: Sildenafil-Präparate
- *Umfangreiche Informationen zu Sildenafil* (englisch)
- *Animation zum Wirkmechanismus von Viagra*

Maca (Pflanze)

Maca

Maca-Knollen (*Lepidium peruvianum*)

Systematik

Rosiden

Eurosiden II

Ordnung:	Kreuzblütlerartige (Brassicales)
Familie:	Kreuzblütengewächse (Brassicaceae)
Gattung:	Kressen (*Lepidium*)
Art:	Maca

Wissenschaftlicher Name

Lepidium peruvianum

G. Chacón

Die Maca-Pflanze (Lepidium peruvianum Chacon, Syn. Lepidium meyenii Walp.) gehört zur Gattung der Kressen in der Familie der Kreuzblütengewächse (Brassicaceae). Maca stammt aus den Höhenlagen der peruanischen Anden. Dort wird sie seit ungefähr 2000 Jahren angebaut. Die Pflanze wird etwa 20 cm hoch, hat eine Hauptwurzel sowie sekundäre Knollenwurzeln. Der oberirdische Teil der Pflanze wird als Gemüse verzehrt, die Wurzelknollen können entweder frisch verzehrt oder durch Trocknung haltbar gemacht und als Pulver gerieben eingenommen werden. In der Natur ist Maca extremen klimatischen Bedingungen ausgesetzt. Starke Temperaturschwankungen, kontinuierlich kräftige Winde und intensive UV-Strahlung durch die Höhenlage. Insgesamt handelt es sich bei Maca um eine robuste Pflanze mit hoher Widerstandskraft.

Anbau

Der Anbau von Maca erfolgte ursprünglich in einem begrenzten Gebiet der peruanischen Anden um den Junin-See herum, in einer Höhe von 4000 m bis 4400 m über dem Meeresspiegel. Seit den 90er Jahren des letzten Jahrhunderts wird Maca mittlerweile wieder in größerem Umfang angebaut, aber hauptsächlich in seinem traditionellen Verbreitungsgebiet.

Inhaltsstoffe

Die Maca-Wurzel enthält Eiweiße, Eisen, Zink, Magnesium, Kalzium, Kohlenhydrate, Phosphor, Zucker, Stärkestoffe, Mineralstoffe und eine Reihe von Vitaminen.

Außerdem kommen verschiedene sekundäre Pflanzenstoffe in der Wurzel vor. In erster Linie sind dies Senfölglykoside (Glucotropaeolin). Auch Imidazol-Alkaloide (Lepidilin), mehrfach ungesättigte Fettsäuren (Macaene), benzylierte Amide (Macamide) und Steroide (z.B. β-Sitosterol) wurden nachgewiesen.

Gesundheitsbezogene Verwendung

Der Maca-Wurzel werden positive Effekte auf die körperliche Leistungsfähigkeit und die psychische Belastbarkeit zugeschrieben. Klinischen Studien zufolge ist dieser Effekt nicht auf einen endokrinolo-
gisch, d. h. die Hormon-Bildung beeinflussenden Effekt
zurückzuführen; eine Veränderung der Hormonwerte konnte beim
Menschen nicht beobachtet werden. Jedoch scheint ein positiver Effekt auf sexuelle Funktionsstörungen zu bestehen. Nahrungsergänzungsmittel, die Maca-Pulver enthalten, werden in Europa und den
USA seit einiger Zeit als natürliches Potenzmittel vermarktet. Wie bei
vielen anderen Mitteln dieser Art sind diese Effekte wissenschaftlich
nur teilweise belegt.
Die Zufuhr über handelsübliche Nahrungsergänzungsmittel liegt
deutlich unter der Ernährungs-Zufuhr der Anden-Bewohner. Es wird
fast ausschließlich das getrocknete Knollenpulver verwendet.

Studien aus Südamerika und den Vereinigten Staaten (die jedoch
mehr auf Erfahrungsberichten als auf messbaren Daten beruhen)
zeigen jedoch, dass Probanden von einer Steigerung der sexuellen
Lust und Leistungsfähigkeit, einem gestärkten Immunsystem und
mehr Energie berichten, weiter soll Depressionen und chronischer
Müdigkeit entgegengewirkt werden.

Der peruanische Wissenschaftler Gustavo Gonzales gab zwölf Männern zwischen 20 und 40 Jahren drei Monate lang Maca und untersuchte danach ihre Fertilität (Fruchtbarkeit). Schon nach zwei Wochen konnte er eine durchschnittliche Verdoppelung der
Spermienzahl feststellen. Gleichzeitig wurden mehr männliche Hor-
mone gebildet und die Probanden beschworen, dass ihr sexuelles
Verlangen deutlich zugenommen hätte.

Chinesische Wissenschaftler veröffentlichten eine Studie, bei der Ma-
ca-Extrakt Mäusen verabreicht wurde, die anschließend zu 47-67

Orgasmen, in der Kontrollgruppe nur zu 16 Orgasmen, in drei Stunden fähig waren.

Der Neurologe Fernando Cabieses, der ebenfalls die potenzfördernde Wirkung von Maca untersuchte, stellte fest, dass die Pflanze nicht nur die Erektionsfähigkeit steigert, sondern langfristig auch den allgemeinen Antrieb, sich sexuell zu betätigen.

Bremelanotid

Bremelanotid	
Strukturformel	
Masse/Länge Primärstruktur	7 Aminosäuren (zyklisch), 1025 Dalton
Bezeichner	
Externe IDs	CAS-Nummer: 189691-06-3

Bremelanotid ist ein Arzneistoff aus der Gruppe der Melanocortinrezeptor-Agonisten, der zur Behandlung von sexuellen Störungen sowohl bei Männern (Impotenz) als auch bei Frauen (Frigidität) entwickelt wird. Im Gegensatz zu den PDE-5-Hemmern wie z. B. Sildenafil (Viagra) wirkt Bremelanotid nicht über die Förderung der Durchblutung, sondern durch Stimulierung des sexuellen Verlangens im Gehirn (aphrodisierende Wirkung). Anfänglich beabsichtigt zur Erhöhung des Bräunungsfaktors in Sonnencreme, wurden in Tests unerwartete Wirkungen wie erhöhtes sexuelles Verlangen und das Auftreten von Erektionen beobachtet.

Chemische Struktur

Bremelanotid ist cyclisches Heptapeptid-Lactam mit der Primärstruktur Ac-Nle-cyclo[Asp-His-D-Phe-Arg-Trp-Lys]-OH und ein Metabolit von Melanotan II. Bremelanotid unterscheidet sich von Melanotan II nur durch eine C-terminale Hydroxylgruppe statt einer Amidgruppe.

Entwicklung

Das Arzneimittel sollte ursprünglich in der ersten Hälfte des Jahres 2007 in die Phase III der klinischen Prüfung eingebracht werden, jedoch gab Palatin Technologies im Mai 2008 zunächst die Einstellung der Entwicklung von Bremelanotid zur Behandlung von sexuellen Störungen bekannt. Neben rein medizinischen Gründen sollen bei der Einstellung auch ethische Gesichtspunkte eine Rolle gespielt haben. Weiterhin wird eine ebenfalls an Melanocortinrezeptoren wirksame Substanz PL-6983 entwickelt, die sich in Tiermodellen als weniger blutdrucksteigernd zeigte.

Ohimbin

Strukturformel

Allgemeines	
Name	Yohimbin
Andere Namen	• (+)-17α-Hydroxy-3α,15α,20β-yohimban- 16α-methylester • Quebrachin
Summenformel	$C_{21}H_{26}N_2O_3$
CAS-Nummer	• 146-48-5 • 65-19-0 (Hydrochlorid)

PubChem	8969
ATC-Code	G04BE04
DrugBank	DB01392
Arzneistoffangaben	
Wirkstoffklasse	Aphrodisiakum
Wirkmechanismus	α_2-Adrenozeptor-Antagonist
Verschreibungspflichtig: Ja	
Eigenschaften	
Molare Masse	354,44 g·mol
Schmelzpunkt	• 241 °C • 302 °C (Hydrochlorid)
Löslichkeit	wenig löslich in Wasser (277 mg·l bei 25 °C)
Sicherheitshinweise	

Bitte beachten Sie die eingeschränkte Gültigkeit der Gefahr-stoffkennzeichnung bei Arzneimitteln

GHS-Gefahrstoffkennzeichnung

Hydrochlorid

Gefahr

H- und P-Sätze	H: 300-311-331
	EUH: *keine EUH-Sätze*
	P: 261-264-280-301+310-311

EU-Gefahrstoffkennzeichnung

R- und S-Sätze	R: 23/24/25
	S: 22-36/37/39-45
LD_{50}	43 mg·kg (Maus, peroral)

Soweit möglich und gebräuchlich, werden SI-Einheiten verwendet. Wenn nicht anders vermerkt, gelten die angegebenen Daten bei Standardbedingungen.

Yohimbin ist eine vornehmlich in den Blättern und der Rinde des Yohimbe-Baumes (Pausinystalia yohimbe) natürlich vorkommende Substanz aus der Gruppe der Indolalkaloide. Darüber hinaus ist Yohimbin auch in den Wurzeln zahlreicher Schlangenwurzel (Rauvolfia-Arten) anzutreffen. Zu den nach dieser Art benannten Rauvolfia-Alkaloiden gehören neben Yohimbin ferner auch beispielsweise Reserpin, Serpentin und Ajmalin). Therapeutisch wird Yohimbin bei Erektionsstörungen eingesetzt.

Pharmakologie

Yohimbin ist ein hochpotenter Antagonist an α_2-Adrenozeptoren, welche u. a. in der glatten Muskulatur von Blutgefäßen zu finden sind. Eine Blockade dieser glattmuskulären Rezeptoren führt zu einer Erweiterung der Gefäße. Yohimbin überquert zudem rasch die Blut-Hirn-Schranke und erhöht durch zentrale Mechanismen den Blutdruck und die Herzfrequenz. Außerdem erhöht es die motorische Aktivität und führt zu Tremor.

Weiterhin beschrieben sind eine antiemetische, antidiuretische, lokal betäubende, und monoaminooxidasehemmende Wirkung.

Die aphrodisierende Wirkung des Yohimbins soll einerseits ebenfalls auf die Blockade von α_2-Adrenozeptoren auf Blutgefäßen in den männlichen Geschlechtsorganen und andererseits auf die Blockade von α_2-Adrenozeptoren im Zentralnervensystem zurückzuführen sein. Darüber hinaus interagiert Yohimbin mit zahlreichen Serotonin-(5-HT)-Rezeptoren.

Nebenwirkungen

Zu den häufigsten beobachteten Nebenwirkungen (1 bis 10 %) nach Einnahme von Yohimbin in therapeutischer Dosierung zählen Schlaflosigkeit, Angst, Unruhe, Reizbarkeit, Kopfschmerzen, Übelkeit und verstärkter Harndrang. Gelegentlich (0,1 bis 1 %) treten Nervosität, Schwindel, Erbrechen, Appetitlosigkeit, Magenbeschwerden, Durchfall, Schwitzen, Frösteln, Herzklopfen, Steigerung des Blutdrucks und der Herzfrequenz auf. Über das gelegentliche Auftreten allergischer Reaktionen und Hautrötungen wurde ebenfalls berichtet. Deutlich seltenere Nebenwirkungen sind unter anderem Hypotonie, Bronchospasmus und Tremor. Nach Einnahme einer sehr hohen Dosis Yohimbin (200 mg) wurde unter anderem ein Lupus erythematodes mit chronischem Nierenversagen beschrieben. Yohimbin kann bei Patienten mit Posttraumatischer Belastungsstörung Panikattacken und Flashbacks auslösen.

Therapeutischer Stellenwert

Studien zeigen, dass Patienten mit psychogener und/oder organischer Impotenz teilweise von einer Medikation mit Yohimbin profitieren können. Die Anwendung erfolgte über einen Zeitraum von 2 bis 10 Wochen. Nachteilig ist die inter- und intraindividuell stark schwankende Bioverfügbarkeit des Yohimbins, die Ausmaße von 7 % bis 87 % annehmen kann. Mit dem Aufkommen der gut wirksamen PDE-5-Hemmer für die Behandlung der erektilen Dysfunktion ist die Bedeutung des schwach und unzuverlässig wirkenden Yohimbins zurück getreten.

Die früher praktizierte Behandlung des Bluthochdrucks mit Yohimbin ist seit langem obsolet.

Pharmazeutische Informationen

Yohimbin ist oral anwendbar. Arzneilich verwendet wird das Yohimbinhydrochlorid.

Handelsnamen

Monopräparate Yocon-Glenwood (D, A), Procomil (D)

.

Arginin

Strukturformel
L-Arginin

Allgemeines	
Name	Arginin

Andere Namen	• L-Arginin, Arg, R
	• (S)-Arginin
	• α-Amino-δ-guanidinvaleriansäure
	• Abkürzungen:
	    ○ Arg (Dreibuchstabencode)
	    ○ R (Einbuchstabencode)

Summenformel	$C_6H_{14}N_4O_2$
CAS-Nummer	• 74-79-3 (L-Enantiomer) • 157-06-2 (D-Enantiomer)

PubChem	6322
ATC-Code	• V06[1] • B05XB01
DrugBank	DB00125
Kurzbeschreibung	weißer Feststoff

Eigenschaften	
Molare Masse	174,20 g·mol
Aggregatzustand	fest
Dichte	0,7 g·cm
Schmelzpunkt	238 °C
pK_s-Wert	• COOH: 2,0 • NH_2: 9,0 • Guanidin-Gruppe: 12,1 (stark basisch)
Löslichkeit	gut in Wasser (150 g·l bei 20 °C)

Sicherheitshinweise

Bitte beachten Sie die eingeschränkte Gültigkeit der Gefahrstoffkennzeichnung bei Arzneimitteln

GHS-Gefahrstoffkennzeichnung

	Achtung
H- und P-Sätze	H: 319
	EUH: *keine EUH-Sätze*
	P: 305+351+338

EU-Gefahrstoffkennzeichnung

R- und S-Sätze	R: 36
	S: 26
LD_{50}	5110 mg·kg (Ratte, peroral)

Soweit möglich und gebräuchlich, werden SI-Einheiten verwendet. Wenn nicht anders vermerkt, gelten die angegebenen Daten bei Standardbedingungen.

L-Arginin, abgekürzt Arg oder R, ist eine proteinogene α-Aminosäure. Für den Menschen ist sie semiessentiell. Der Name leitet sich vom lateinischen Wort argentum (Silber) ab, da die Aminosäure zuerst als Silber-Salz isoliert werden konnte. Diese Aminosäure hat den höchsten Masseanteil an Stickstoff von allen proteinogenen Aminosäuren.

Im Dreibuchstabencode wird L-Arginin mit Arg und im Einbuchstabencode als R abgekürzt.

Vorkommen

L-Arginin ist weit verbreitet. Die folgenden Beispiele geben einen Überblick über Arginingehalte und beziehen sich jeweils auf 100 g des Lebensmittels, zusätzlich ist der prozentuale Anteil von gebundenem Arginin am Gesamtprotein angegeben.

Lebensmittel	Gesamt - Protein	Arginin	Anteil
Schweinefleisch, roh	20,95 g	1394 mg	6,7 %
Hähnchenbrustfilet, roh	21,23 g	1436 mg	6,8 %
Lachs, roh	20,42 g	1221 mg	6,0 %
Hühnerei	12,57 g	820 mg	6,5 %
Kuhmilch, 3,7 % Fett	3,28 g	119 mg	3,6 %
Pinienkerne	13,69 g	2413 mg	17,6 %
Walnüsse	15,23 g	2278 mg	15,0 %
Kürbiskerne	30,23 g	5353 mg	17,7 %
Erdnuss, geröstet	23,68 g	2832 mg	11,9 %
Weizen-Vollkornmehl	13,70 g	642 mg	4,7 %

Lebensmittel	Gesamt - Protein	Arginin	Anteil
Mais-Vollkornmehl	6,93 g	345 mg	5,0 %
Reis, ungeschält	7,94 g	602 mg	7,6 %
Buchweizenkörner	13,25 g	982 mg	7,4 %
Erbsen, getrocknet	24,55 g	2188 mg	8,9 %

Alle diese Nahrungsmittel enthalten praktisch ausschließlich chemisch gebundenes L-Arginin als Proteinbestandteil, jedoch kein freies L-Arginin.

Eigenschaften

Arginin ist eine α-Aminosäure mit einer Guanidin-Funktionalität in der Seitenkette. Gemeinsam mit L-Lysin und L-Histidin gehört L-Arginin in die Gruppe der „basischen" Aminosäuren oder Hexonbasen. Diese besitzen eine basische Gruppe, hier eine Guanidinogruppe, die im Neutralbereich stets protoniert (positiv geladen) ist. Arginin ist gut in Wasser löslich und reagiert (durch Bindung von Protonen) alkalisch. Die Guanidin-Gruppe ist sowohl im sauren und neutralen, als auch im schwach basischen Milieu protoniert und trägt eine positive Ladung, die zwischen den Aminogruppen delokalisiert ist. Proteine, die L-Arginin enthalten, werden durch diese Ladung hydrophiler, also wasserlöslicher.

Arginin liegt überwiegend als „inneres Salz" bzw. Zwitterion vor, dessen Bildung dadurch zu erklären ist, dass das Proton der Carboxygruppe zum Guanidino-Rest wandert, der stärker basisch als die α-Aminogruppe ist:

Zwitterionen von L-Arginin mit dem mesomeriestabilisierten Guanido-Kation

Im elektrischen Feld wandert das Zwitterion nicht, da es als Ganzes ungeladen ist. Genau genommen ist dies am isoelektrischen Punkt (bei einem bestimmten pH-Wert, hier 11,2) der Fall, bei dem das Arginin auch seine geringste Löslichkeit in Wasser besitzt.

Freies L-Arginin hat einen bitteren Geschmack.

Stereochemie

In den Proteinen kommt ausschließlich L-Arginin [Synonym: (S)-Arginin] peptidisch gebunden vor. Enantiomer dazu ist das spiegelbildliche D-Arginin [Synonym: (R)-Arginin], das in Proteinen nicht

vorkommt. Racemisches DL-Arginin [Synonym: (RS)-Arginin] besitzt
geringe Bedeutung.

L-Arginin (oben) bzw. D-Arginin (unten)

Biosynthese

Im Harnstoffzyklus entsteht L-Arginin aus Carbamoylphosphat, L-
Ornithin und L-Aspartat.

Funktionen

L-Arginin ist eine Quelle energiereicher Stickstoff-Phosphat-
Verbindungen in Organismen und ist an zahlreichen biologischen
Funktionen beteiligt. Es dient in Keimlingen und Speicherzellen als
Stickstoff-Reservoir. L-Arginin ist ein Metabolit des Harnstoffzyklus,
in dem der Ammoniak, der beim Abbau von Stickstoffverbindungen
(z. B. Aminosäuren) entsteht, in Harnstoff umgewandelt wird. L-
Arginin ist die alleinige Vorstufe von Stickstoffmonoxid (NO), einem
der kleinsten Botenstoffe im menschlichen Körper. Durch Stickstoffmonoxid (NO)-Synthase entsteht aus L-Arginin der Endothelium-
derived relaxing Factor (EDRF), der als NO identifiziert wurde. EDRF
führt physiologisch zu einer Gefäßerweiterung, indem das NO in die
Muskelschicht der Gefäße diffundiert. Es aktiviert dort die lösliche
Guanylatcyclase und führt so zur Erschlaffung der glatten Muskulatur
und zum Nachlassen des Gefäßtonus. Studien zeigen, dass Arginin

über diese Gefäßerweiterung einen erhöhten Blutdruck signifikant senken kann.

Aufgrund der gefäßerweiternden Funktion findet Arginin im Bodybuilding als so genanntes „Pump-Supplement" Anwendung, ohne dass diese biologische Wirkung bewiesen ist. Weiterhin führt das NO zur Hemmung der Thrombozytenaggregation und -adhäsion. Dadurch wird die Bereitschaft für thrombotische Veränderungen an Gefäßplaque-Rupturen herabgesetzt, dem häufigsten Grund für cerebrale Insulte. Es wird angenommen, dass Arginin die unterdrückte Immunantwort bei schweren Verletzungen, Mangelernährung, Sepsis und nach Operationen positiv beeinflussen kann. Bei zusätzlicher Gabe werden eine verbesserte zelluläre Immunantwort, eine Abnahme verletzungsbedingter Funktionsstörungen der T-Zellen und eine verstärkte Phagozytose beobachtet. Zusätzlich wird die Ausbildung der endothelialen Dysfunktion (gestörten Gefäßfunktion) verhindert.

1998 erhielten die Wissenschaftler Robert F. Furchgott, Louis J. Ignarro und Ferid Murad für die Erforschung des Zusammenhangs von Arginin und NO den Nobelpreis für Medizin.

Bedarf

Der Mensch kann innerhalb des Harnstoffzyklus Arginin selbst synthetisieren, allerdings sind die entstehenden Mengen nicht ausreichend, um den Bedarf vor allem bei heranwachsenden Menschen vollständig zu decken. Daher ist L-Arginin für Kinder essentiell. Aber auch bei Erwachsenen wird der Bedarf an L-Arginin durch die körpereigene Produktion oft nicht ausreichend abgedeckt. Besonders in der Wachstumsphase, durch Stress, bei diversen Krankheiten (z. B. Arteriosklerose, Bluthochdruck, erektile Dysfunktion, Gefäßerkrankungen) oder nach Unfällen übersteigt der Bedarf an Arginin die vom menschlichen Organismus produzierte Menge.

Bei einer Proteinzufuhr von etwa 70–90 g/Tag ergibt sich eine rechnerische tägliche Argininzufuhr von ca. 2–5 g/Tag.

Medizinische Verwendung

L-Arginin wird zur Behandlung einer schweren metabolischen Alkalose verwendet. In der Kinderheilkunde ist L-Arginin auch zur Behandlung eines durch eine schwere angeborene Stoffwechselstörung bedingten erhöhten Ammoniakgehaltes im Blut (Hyperammonämie) angezeigt. Diagnostisch wird L-Arginin zur Abklärung eines Wachstumshormonmangels bei Minderwuchs eingesetzt.

Als (semi)essentielle Aminosäure ist L-Arginin obligatorischer Bestandteil einer parenteralen Ernährung. In Elektrolyt-Konzentraten zum Zusatz zu Infusionslösungen und in peroralen Diätetika wird L-Arginin ebenfalls eingesetzt.

Pharmazeutisch verwendet wird meistens das L-Arginin-Hydrochlorid.

Supplemente

Arginin wird als Nahrungsergänzungsmittel zur Supplementierung von L-Arginin bei unzureichender Zufuhr oder auch als diätetisches Lebensmittel „für intensive Muskelanstrengungen, vor allem für Sportler" vermarktet.

Die Verwendung gesundheitsbezogener Angaben (health claims), die den Beitrag von L-Arginin zur Unterstützung des Kreislaufsystems (Aufrechterhaltung einer normalen Durchblutung, eines gesunden Blutdrucks und der Hämatopoese), zur Unterstützung und Verbesserung der Erektion sowie zur Kräftigung der Muskeln und zur Bereitstellung von Stickoxid im Stoffwechsel betreffen, beurteilte die euro-

päischen Behörde für Lebensmittelsicherheit (EFSA) als wissenschaftlich nicht gerechtfertigt.

Cantharidin

Strukturformel

Allgemeines	
Name	Cantharidin
Andere Namen	• Kantharidin • (2S,3R)-2,3-Dimethyl- 7-oxabicyclo[2,2,1]heptan- 2,3-dicarbonsäureanhydrid
Summenformel	$C_{10}H_{12}O_4$
CAS-Nummer	56-25-7
PubChem	5944

Kurzbeschreibung	farblose, orthorhombische Plättchen

Eigenschaften

Molare Masse	196,20 g·mol
Aggregatzustand	fest
Schmelzpunkt	218 °C
Löslichkeit	• sehr schlecht in Wasser (30 mg·l bei 20 °C) • wenig löslich in organischen Lösemitteln

Sicherheitshinweise

GHS-Gefahrstoffkennzeichnung

Gefahr

H- und P-Sätze	H: 300-315-319-335 EUH: *keine EUH-Sätze* P: 261-264-301+310-305+351+338

EU-Gefahrstoffkennzeichnung	
	Sehr giftig
	(T+)
R- und S-Sätze	R: 26/27/28
	S: 28-36/37-45
LD_{50}	0,03–0,5 mg·kg Körpergewicht (LD_{L0}, human)
Soweit möglich und gebräuchlich, werden SI-Einheiten verwendet. Wenn nicht anders vermerkt, gelten die angegebenen Daten bei Standardbedingungen.	

Cantharidin, auch Kantharidin, ist ein Terpenoid, das in verschiedenen Käferarten vorkommt. Benannt wurde es nach der Gattung Cantharis, heute teilweise Lytta. Cantharidin wurde als Inhaltsstoff der Spanischen Fliege (Lytta vesicatoria) erstmals beschrieben. Es handelt sich dabei um ein Monoterpen, dem eine Wirkung als Aphrodisiakum nachgesagt wird, das jedoch vor allem ein starkes Reizgift darstellt.

Geschichte

Cantharidin wurde erstmals 1810 von Pierre-Jean Robiquet isoliert. Nach Kriegsberichten soll die aphrodisierende Wirkung des Cantharidins schon den Truppen Napoleons beim Ägyptenfeldzug zum Verhängnis geworden sein, die in den Sümpfen des ägyptischen Nildeltas Frösche gefangen und verspeist haben. Diese ernährten sich vor allem von den besagten Käfern und lagerten das Cantharidin ein, ohne selbst Schaden daran zu nehmen. Die ersten Beschreibungen des Gebrauchs in der Medizin stammen aus dem Altertum, zum Beispiel von Hippokrates und Plinius dem Älteren. Über Livia Drusilla, die Frau des späteren römischen Kaisers Augustus, wird berichtet, dass sie die Droge dem Essen der anderen Mitglieder der kaiserlichen Familie zufügte, um sie zu sexuellen Ausschweifungen zu animieren, die dann später gegen diese verwendet werden konnten.

Eigenschaften

Chemische Eigenschaften

Beim Cantharidin handelt es sich um ein Monoterpen, das in farblosen, orthorhombischen Plättchen kristallisiert. Es hat eine Schmelztemperatur von 218 °C. Es ist unlöslich in Wasser, löslich in Chloroform, Aceton und Alkohol. In Säuren und Alkalien ist es gut löslich.

Biochemische Eigenschaften

Cantharidin hat eine hohe Affinität zur Bindung an Proteine, die entsprechend als Cantharidin-bindende Proteine (CBP) bezeichnet werden. Die gleiche Eigenschaft besitzen auch einige analoge Moleküle wie etwa das Herbizid Endothal. Das heterodimere Protein besteht aus einer α- und einer kürzeren β-Kette. Dieses CDB ist offensichtlich identisch mit der Protein-Phosphatase 2A, die als Enzym bei Pflanzen und Tieren vorkommt. Die verschiedenen Giftwirkungen werden damit wahrscheinlich durch eine Blockierung dieses Enzyms in seiner

Funktion bei der Phosphorylierung und Dephosphorylierung verursacht.

Biologische Bedeutung

Ölkäfer mit Cantharidintropfen

Cantharidin ist in der Hämolymphe einer Reihe von Käferarten enthalten, vor allem bei den Ölkäfern (Meloidae), auch nach der Wirkung des Cantharidin auf die menschliche Haut „Blasenkäfer" genannt, den Feuerkäfern (Pyrochroidae) und bei Vertretern der Familie der Scheinbockkäfer (Oedemeridae). Die biologische Bedeutung ist dabei unterschiedlich. So setzen die Ölkäfer den Giftstoff vor allem als Wehrsekret ein, das bei einer potentiellen Bedrohung an den Beingelenken tropfenförmig ausgepresst wird (Reflexbluten). Bei den Feuerkäfern stellt Cantharidin vor allem ein Lockpheromon dar, das die Männchen für die Weibchen attraktiv macht. Auf die meisten anderen Insekten wirkt Cantharidin dagegen abschreckend, nur die Blumenkäfer (Anthicidae) werden ebenfalls angelockt, da sie auf diese Weise die Leichen von Ölkäfern finden können. Auch bei ihnen spielt Cantharidin eine Rolle bei der Paarung: die Weibchen überprüfen vor der Paarung den Cantharidingehalt der Vorratsbehälter unter den Flügeln der Männchen und machen davon ihre Paarungswilligkeit abhängig. Die Käfer können den Stoff allerdings nicht selbst produzieren, sondern entnehmen ihn den Ölkäfern. Ebenfalls attraktiv wirkt Cantharidin auch auf einige Arten der Gnitzen (Ceratopogonida), einer Mückengruppe, die cantharidinhaltige Käferarten besaugen.

Cantharidin ist ein starkes Reiz- und Nervengift, wodurch es als Wehrsekret sehr effektiv ist. Auf der Haut und vor allem auf den Schleimhäuten übt es eine starke Reizwirkung aus. Beim Menschen und bei anderen Wirbeltieren löst es die Bildung von Blasen und teilweise tiefen Nekrosen aus. Außerdem führt es zu Entzündungen und insbesondere zu einer starken Schädigung der Nieren. Letztere tritt vor allem bei Missbrauch, etwa bei übermäßiger Einnahme als Aphrodisiakum, auf. Anwendung findet Cantharidin durch diese Wirkungen vor allem bei der Hautreiztherapie sowie als Mittel zur Entfernung von Warzen, häufig in Form eines transdermalen Pflasters (Cantharidenpflaster). Aufgrund der Wirkung bei Überdosierung sollte es nur nach Absprache mit einem Arzt angewendet werden.

Die für den Menschen geringste tödliche Dosis LD_{Lo} liegt bei etwa 0,5 mg/kg Körpergewicht. Im antiken Griechenland wurde das Gift neben dem Schierlingsbecher zur Vollstreckung von Todesurteilen verwendet.

Verwendung

Cantharidin gilt als potenzsteigerndes Mittel, das beim Mann eine lang anhaltende Erektion herbeiführen soll. Die Anwendung ist umstritten, vor allem, da die Erektion sehr schmerzhaft sein kann, die Dosierung sehr schwierig ist und andererseits eine schmerzhafte Dauererektion zu bleibender Impotenz führen kann. Erreicht werden soll sie durch Einreiben der Genitalien oder Einnahme von aufgelöstem Cantharidin, wobei dafür meistens die Spanische Fliege (Lytta vesicatoria) zermahlen wird.

Aufgrund der stark reizenden Wirkung auf die Haut wird Cantharidin in der Pharmakologie experimentell beim Hautblasenversuch (Cantharidin-Test) verwendet. Dabei wird durch Cantharidin eine Hautblase hervorgerufen, in deren Flüssigkeit die Konzentration von Arzneistoffen gemessen werden kann.
Aber auch schon vor einigen tausend Jahren wurde eine Mischung aus

Cantharidin und Knoblauch auf tätowierte Hautstellen aufgetragen, um diese zu entfernen. Hiermit behandelte Hautstellen starben daraufhin ab.

Apomorphin

Strukturformel

Allgemeines	
Freiname	Apomorphin
Andere Namen	• (R)-6-Methyl-5,6,6a,7-tetrahydro-4H-dibenzo[de,g]chinolin-10,11-diol • (6aR)-6-Methyl-5,6,6a,7-tetrahydro-4H-dibenzo[de,g]chinolin-10,11-diol
Summenformel	• $C_{17}H_{17}NO_2$ (Apomorphin)

	• $C_{17}H_{17}NO_2 \cdot HCl$ (Apomorphin-Hydrochlorid)
CAS-Nummer	• 58-00-4 (Apomorphin) • 314-19-2 (Apomorphin·Hydrochlorid) • 41372-20-7 (R-(–)-Apomorphin·Hydrochlorid·Hemihydrat)
PubChem	6005
ATC-Code	• G04BE07 • N04BC07
DrugBank	DB00714
Arzneistoffangaben	
Wirkstoffklasse	Parkinsonmittel, Emetikum
Wirkmechanismus	Dopamin-D_2-Rezeptor-Agonist
Verschreibungspflichtig: Ja	
Eigenschaften	
Molare Masse	• 267,32 g·mol (Apomorphin) • 303,78 g·mol (Apomorphin·Hydrochlorid)
Schmelzpunkt	195 °C (Apomorphin)
pK_s-Wert	8,92 (Apomorphin)
Sicherheitshinweise	

Bitte beachten Sie die eingeschränkte Gültigkeit der Gefahrstoff-kennzeichnung bei Arzneimitteln

GHS-Gefahrstoffkennzeichnung

Gefahr

	H: 301
H- und P-Sätze	EUH: *keine EUH-Sätze*
	P: 301+310

EU-Gefahrstoffkennzeichnung

Xn
Gesundheits-
schädlich

als Hydrochlorid

	R: 22
R- und S-Sätze	S: 36

LD$_{50}$	300 mg·kg (Maus, p.o.)

Apomorphin ist ein Vertreter (und der Namensgeber) der sogenannten Aporphin-Alkaloide und wird durch Erhitzen von Morphin mit konzentrierter Salzsäure hergestellt. Es ist ein Dopamin-D_2-Rezeptor-Agonist und wurde als starkes Emetikum (Brechmittel) bei Vergiftungen eingesetzt. Apomorphin wird außerdem in der Diagnose und Behandlung der Parkinson-Krankheit verwendet. Aufgrund seiner starken Anti-Parkinson-Wirkung wird Apomorphin hauptsächlich bei Patienten in der Spätphase als subkutane Injektion oder Dauerinfusion eingesetzt. In Deutschland wird Apomorphin unter dem Handelsnamen Apomorphin-Archimedes und APO-go vertrieben, in Österreich unter dem Handelsnamen APO-go.

Außerdem wird Apomorphin gelegentlich begleitend bei einem Drogenentzug in Verbindung mit dem Dopaminantagonisten Metoclopramid gegeben.

Apomorphin verliert bei seiner Herstellung die meisten Eigenschaften des Morphins, die emetische sowie die stoffwechselregulierende Wirkung bleiben jedoch erhalten. Aus diesem Grund ist bei einem Heroinentzug das Entzugssyndrom oft nach 48 Stunden symptomarm beendet. Die zusätzliche Gabe von Metoclopramid unterdrückt dabei die emetische Wirkung des Apomorphins, da Metoclopramid den im Brechzentrum im Gehirn entstehenden Reiz unterdrückt. Diese Entzugsmethode ist jedoch kaum verbreitet und weitgehend unbekannt. Die Erfolgschancen dabei sind nur dann ausreichend groß, wenn nach dem Entzug eine eingehende psychotherapeutische Behandlung erfolgt. Ansonsten ist das Rückfallrisiko – wie bei allen Entzugsmethoden – relativ hoch, da die Ursachen der Suchterkrankung nicht erörtert wurden.

Apomorphin weist überdies bei geringerer Dosierung eine erektions-
stimulierende Wirkung auf. Dies wurde durch Zufall bei der Behandlung von Parkinson-Patienten entdeckt. Apomorphin entfaltet die
potenzsteigernde Wirkung insbesondere bei Aufnahme über die
Mundschleimhaut. Der Wirkungsmechanismus unterscheidet sich von
dem der PDE-5-Hemmer, wie z.B. Sildenafil (Viagra): Apomorphin
wirkt stimulierend auf die für die Erektion verantwortlichen Regio-
nen des zentralen Nervensystems. Apomorphin war seit Juni 2001 in
Deutschland als verschreibungspflichtiges Präparat zur Behandlung
von erektiler Dysfunktion (ED) zugelassen. Es wurde als Lutschtablet-
te unter den Handelsnamen Ixense und Uprima vertrieben. Die Tablette wurde unter die Zunge gelegt, wo sie sich in ca. 10 Minuten
vollständig auflöste; die gewünschte potenzsteigernde Wirkung trat
nach etwa 20 Minuten ein. Ixense und Uprima wurden jedoch Ende
2004 bzw. Anfang 2005 wegen zu geringer Verkaufszahlen wieder
vom Markt genommen. Es wird aber weiterhin mit Apomorphin bei
ED geforscht. So hat sich in Studien die Inhalation als der sublingua-
len Gabe überlegen gezeigt.

In der Veterinärmedizin ist Apomorphin nach wie vor das Medikament der ersten Wahl zur Auslösung eines Brechreizes.

Tadalafil

Strukturformel

Allgemeines	
Freiname	Tadalafil
Andere Namen	• IUPAC: (6*R*,12a*R*)-6-(1,3-Benzodioxol-5-yl)- 2-methyl-1,2,3,4,6,7,12,12a-octahydropyrazino-[2',1':6,1]pyrido [3,4-b]indol-1,4-dion • Latein: Tadalafilum
Summenformel	$C_{22}H_{19}N_3O_4$
CAS-Nummer	171596-29-5

PubChem	110635
ATC-Code	G04BE08
DrugBank	DB00820

Arzneistoffangaben	
Wirkstoffklasse	PDE-5-Hemmer
Wirkmechanismus	Enzymhemmung der Phosphodiesterase-5

Verschreibungspflichtig: Ja

Eigenschaften	
Molare Masse	389,40 g·mol
Schmelzpunkt	301–302 °C

Sicherheitshinweise

Bitte beachten Sie die eingeschränkte Gültigkeit der Gefahr-
stoffkennzeichnung bei Arzneimitteln

EU-Gefahrstoffkennzeichnung

Keine Einstufung verfügbar

R- und S-Sätze	R: *siehe oben*
	S: *siehe oben*

LD$_{50}$	2000 mg·kg (Ratte p.o.)
Soweit möglich und gebräuchlich, werden SI-Einheiten verwendet. Wenn nicht anders vermerkt, gelten die angegebenen Daten bei Standardbedingungen.	

Tadalafil, (Handelsname Cialis (EU, USA, CH), Hersteller; Lilly Pharma) ist ein Potenzmittel und dient der Behandlung der erektilen Dysfunktion.

Anwendung

Tadalafil wirkt ähnlich wie Sildenafil (zur Behandlung des Lungenhochdrucks Pulmonale Arterielle Hypertonie, PAH) und Vardenafil, indem es das Enzym Phosphodiesterase-5 (PDE-5) hemmt. PDE-5 ist dafür verantwortlich, dass eine Erektion abgebaut wird, damit nicht durch eine Dauererektion das Gewebe des Schwellkörpers durch Mangeldurchblutung abstirbt. Durch die Hemmung von PDE-5 kommt es daher bei einer sexuellen Stimulation leichter zu Erektionen, die auch länger anhalten. Diese PDE-5-Hemmer können aber keine sexuelle Stimulation ersetzen. Erektionen beeinflussen nicht die Wirkdauer von PDE-5-Hemmern. Während dieser Zeit kann es je nach Konstitution des Mannes zu mehreren Erektionen und auch Ejakulationen kommen.

Pharmakokinetik

Tadalafil hat mit 17,5 Stunden eine deutlich größere Halbwertszeit als Sildenafil (Viagra) und Vardenafil. Während die Wirkung bei Sildenafil 4 bis 6 Stunden und Vardenafil 8 bis 12 Stunden anhält, kann sie bei Tadalafil bis zu 36 Stunden betragen. Die Wirkung setzt für gewöhnlich nach einer Stunde ein, es kann aber auch bis zu sechs Stunden dauern, bis ein Effekt spürbar ist. Eine weitere Einnahme sollte erst nach vollständigem Abklingen der Wirkung erfolgen, da es sonst zu einer Anreicherung im Körper und damit zu unerwünschten und zum Teil gefährlichen Nebenwirkungen kommen kann.

Wechselwirkungen

Die gleichzeitige Einnahme von Tadalafil mit organischen Nitriten bzw. NO-Donatoren (dazu zählt auch das Szene-Medikament Poppers) ist kontraindiziert. Durch die kombinierte Wirkung auf den Blutdruck droht ein akuter lebensbedrohlicher Blutdruckabfall – es sollte sofort ein Notarzt alarmiert werden, der über die genommene Medikation in Kenntnis gesetzt werden muss. Hierbei ist auch die lange Halbwertszeit von Tadalafil zu berücksichtigen. Dementsprechend sollte bei Einnahme von Tadalafil 36 Stunden keine kontraindizierten Medikamente eingenommen werden.

Tadalafil kann mit oder ohne Nahrung eingenommen werden. Allerdings kann die Wirkung bei einer schwerverdaulichen oder extrem fettreichen Mahlzeit verzögert erfolgen.

Unerwünschte Wirkungen

Selten werden Herz-Kreislauf-Nebenwirkungen beobachtet, weiter treten „in der Praxis" anscheinend häufiger Muskelschmerzen auf, die mehrere Tage anhalten können, indessen nicht ernsthafter Natur sind. Berichte von plötzlichem Hörverlust, manchmal begleitet von Tinnitus oder Schwindel, liegen vor.

Sonstige Informationen

Tadalafil ist in Deutschland, in der Schweiz, in Österreich sowie in einigen anderen Ländern verschreibungspflichtig, in anderen Ländern hingegen frei erhältlich. Es ist seit November 2002 in der EU und seit 2003 in den USA zugelassen.

Die Handelsmarke Cialis wird neben anderen Potenzmitteln besonders häufig in unerwünschten E-Mails (Spam) beworben. Dabei handelt es sich oft nicht um das Originalmedikament, sondern auch um
gefälschte Nachahmerpräparate mit anderen Wirkstoffen und unvor-
hersehbaren Wirkungsweisen. Dies kann mit erheblichen gesundheit-
lichen Risiken verbunden sein.

Artikel zur Pharmakologie

- Padma-Nathan, In: *Am. J. of Cardiology.*, 92/9A, 2003, S. 19M-
  25
- Sperling, In: *Herz.*, 28/4, 2003, S. 314-324

Artikel zur Verwendung

- Übersichtsarbeit über die drei wichtigsten Medikamente zur
  Behandlung von Erektionsstörungen: Gresser U., Gleiter C.H.:
  ERECTILE DYSFUNCTION: COMPARISON OF EFFICACY AND
  SIDE EFFECTS OF THE PDE-5 INHIBITORS SILDENAFIL, VAR-
  DENAFIL AND TADALAFIL REVIEW OF THE LITERATURE.
  Eur J Med Res (2002) 7: 435-446. Free Fulltxt:
  http://www.praxisklinik-
  gresser.de/fileadmin/content/pdfs/Gresser3-3.pdf
- Curran et al., In: *Drugs* 63/20, 2003, S. 2203-12
- Kloner et al., In: *Am. J. of Cardiology.*, 92/9A, 2003, 47M-57

Vardenafil

Strukturformel

Allgemeines	
Freiname	Vardenafil
Andere Namen	• IUPAC: 1-{[3-(5-Methyl- 4-oxo-7-propyl-3,4- dihydroimidazo[5,1-f][1,2,4]triazin-2-yl)- 4-ethoxyphenyl]sulfonyl}- 4-ethylpiperazin • Latein: Vardenafilum
Summenformel	• $C_{23}H_{32}N_6O_4S$ (Vardenafil) • $C_{23}H_{32}N_6O_4S \cdot HCl \cdot 3H_2O$ (Vardena-

	fil·Hydrochlorid·Trihydrat)
CAS-Nummer	• **224785-90-4** (Vardenafil) • **330808-88-3** (Vardena-fil·Hydrochlorid·Trihydrat)
PubChem	110634
ATC-Code	G04BE09
DrugBank	DB00862
Kurzbeschreibung	fast farbloser Feststoff (Vardena-fil·Hydrochlorid·Trihydrat)
Arzneistoffangaben	
Wirkstoffklasse	PDE-5-Hemmer
Wirkmechanismus	Enzymhemmung der Phosphodiesterase-5
Verschreibungspflichtig: Ja	
Eigenschaften	
Molare Masse	• **488,60 g·mol** (Vardenafil) • **579,11 g·mol** (Vardena-fil·Hydrochlorid·Trihydrat)
Schmelzpunkt	218 °C (Vardenafil·Hydrochlorid·Trihydrat)
pK_s-Wert	• $pK_{s1} = 4{,}72$ • $pK_{s2} = 6{,}21$

Löslichkeit	Wasser: 3,5 mg·l (25 °C)

Sicherheitshinweise

Bitte beachten Sie die eingeschränkte Gültigkeit der Gefahr-
stoffkennzeichnung bei Arzneimitteln

EU-Gefahrstoffkennzeichnung

Keine Einstufung verfügbar

R- und S-Sätze	R: *siehe oben*
	S: *siehe oben*

Soweit möglich und gebräuchlich, werden SI-Einheiten verwendet. Wenn nicht anders vermerkt, gelten die angegebenen Daten bei Standardbedingungen.

Vardenafil ist ein Arzneistoff, der in der Behandlung der Erektilen Dysfunktion (Erektionsstörungen) beim Mann verwendet wird. Vardenafil ist oral wirksam und wurde 2003 von der deutschen Firma Bayer HealthCare als Tablette zu 5 mg, 10 mg und 20 mg auf den Markt gebracht.

Vardenafil zählt zur Gruppe der PDE-5-Hemmer. In allen Ländern der EU sowie im Fürstentum Liechtenstein und der Schweiz ist Vardenafil in allen verfügbaren Darreichungsformen (Filmtabletten: 5, 10, 20 mg Vardenafil) verschreibungspflichtig.

Geschichte

1998 wurde Sildenafil als erster PDE-5-Hemmer in den USA von der Food and Drug Administration (FDA) zugelassen. Nachfolgend wurden weitere Arzneistoffe für eine medikamentöse Behandlung von erektiler Dysfunktion entwickelt, die sich in der Anwendung, Verträglichkeit und Dosierung vom Vorgänger unterscheiden. Vardenafil wurde von Bayer HealthCare erforscht und entwickelt. Im März 2003 erhielt der Wirkstoff die Zulassung durch die Europäische Kommission. Zunächst erfolgte die Vermarktung gemeinsam durch Bayer HealthCare und GlaxoSmithKline, ab 2005 übernahm Bayer HealthCare die Rechte für die meisten Märkte außerhalb der USA.

Wirkungsmechanismus

Die Erektion wird durch ein Gleichgewicht zwischen zwei körpereigenen Substanzen gesteuert. Die erste Substanz, cyclisches Guanosinmonophosphat (cGMP), ein Second Messenger, führt die Erektion herbei: Die glatte Muskulatur im Schwellkörper des Penis entspannt sich, so dass Blut in den Schwellkörper einfließen kann, was zur Erektion führt. Die zweite Substanz, Phosphodiesterase Typ 5 (PDE-5), lässt die Erektion abklingen, indem die erste Substanz abgebaut wird.

Wenn dieses Gleichgewicht gestört ist, bleibt die Erektion aus oder lässt vorzeitig nach. Vardenafil hemmt PDE-5, so dass die Konzentration des cGMP ansteigt. Dies führt zu einer Erektion, die ausreichend lange anhält, um die sexuelle Aktivität zufrieden stellend durchzuführen. Eine Erektion erfolgt nur dann, wenn der Mann sexuell erregt wird, da nur dann die erste Substanz, cGMP, in den Zellen der Schwellkörpermuskulatur aktiviert wird.

Die Wirkung von Vardenafil hält bis zu 12 Stunden an. Die Tablette kann mit und ohne Nahrung eingenommen werden, der Genuss von Alkohol beeinträchtigt die pharmakokinetischen Eigenschaften von Vardenafil nicht.

Studien

Die Resultate einer von Valiquette et al. (2005) durchgeführten Studie zeigten, dass dank Vardenafil die behandelten Männer eine Erektion erreichten, die bei 87 % der Männer für den Geschlechtsverkehr ausreichte und in 83 % der Fälle bis zum Orgasmus führte. Eine von Montorsi et al. (2004) durchgeführte Studie weist die rasch einsetzende Wirkung von Vardenafil nach. Die Daten dieses klinischen Versuchs zeigen, dass nach der Einnahme von Vardenafil (Dosis 10mg) bei einigen Männern schon nach 10 Minuten eine Erektion ausgelöst werden konnte, wenn sie sexuell erregt wurden. Rosen et al. (2004) haben in ihren MALES-Studien aufgezeigt, dass die Zuverlässigkeit der Behandlung für Männer mit Erektionsschwäche das wichtigste Attribut für eine erfolgreiche ED-Therapie ist. Die Forschungsergebnisse der MALES-Studie bestätigen, dass Männer den schnellen Wirkeintritt eines PDE-5-Hemmers als wichtiger erachten als die lange Wirkdauer des Medikaments. In der Vergleichsstudie CONFIRMED von Rubio-Arioles et al. (2006) wurde die Wirkung von Vardenafil und Sildenafil bei 1057 impotenten Männern miteinander verglichen. In der an verschiedenen Zentren durchgeführten, randomisierten Doppelblindstudie wurden zwei Wirkstoffe gegen erektile Dysfunktion miteinander verglichen, wobei die beiden Gruppen entweder zuerst Sildenafil oder Vardenafil bekamen. Es zeigte sich, dass beide Wirkstoffe gleich gut verträglich sind. Eine signifikante Mehrheit der Männer berichtete von mehr erfolgreich abgeschlossenem Geschlechtsverkehr und besserer Geschlechtsverkehrzufriedenheit unter Vardenafil als mit dem Wirkstoff Sildenafil. Eine Übersicht über Behandlungsmöglichkeiten der ED bei Diabetes-Patienten bietet Basu & Ryder (2004).

Risiken und Nebenwirkungen

Kontraindikationen

Die gleichzeitige Einnahme von Vardenafil mit nitrithaltigen Arzneistoffen bzw. NO-Donatoren (dazu zählen auch die Szene-Drogen Poppers) ist kontraindiziert. Durch die kombinierte Wirkung auf den Blutdruck droht ein akuter lebensbedrohlicher Blutdruckabfall.

Kombinationen mit starken CYP-3A4-Inhibitoren wie HIV-Protease-Inhibitoren oder oralen Konazolen sind kontraindiziert. Die gleichzeitige Gabe von Alphablockern sollte vermieden werden (Ausnahme Tamsulosin).

Abgesehen von diesen Kontraindikationen stellt der Einsatz bei Patienten mit koronarer Herzkrankheit ein Risiko dar, weil sexuelle Aktivität den Kreislauf stark beanspruchen kann.

Wechselwirkungen

Es sollte kein Grapefruitsaft zusammen mit Vardenafil eingenommen werden, da dieser die übliche Wirkung von Vardenafil beeinflussen kann. Vardenafil kann mit oder ohne Nahrung eingenommen werden. Allerdings kann die Wirkung bei einer schwerverdaulichen oder extrem fettreichen Mahlzeit verzögert werden.

Nebenwirkungen

Die klinischen Studien im Rahmen des Zulassungsverfahrens und des Monitorings zeigen, dass Vardenafil gut verträglich ist. Die festgestellten Nebenwirkungen waren von kurzer Dauer und von leichter bis mittlerer Intensität. Die am häufigsten genannten Nebenwirkungen von Vardenafil waren Kopfschmerzen, Gesichtsrötungen und Rhinitis (Nasenschleimhautentzündung).

Krankenkassen und Erstattung

Die Patienten müssen für die Medikamentenkosten von Vardenafil in den allermeisten Fällen selbst aufkommen, da diese nicht von den Krankenkassen übernommen werden.

In Deutschland schließt das Sozialgesetzbuch (§ 34 Abs.1 SGB V Satz 7) seit dem 1. Januar 2004 diejenigen Arzneimittel von der Bezahlung durch die Krankenkassen aus, bei deren Anwendung eine Erhöhung der Lebensqualität im Vordergrund steht. Dazu werden auch Arzneimittel zur Behandlung der erektilen Dysfunktion gezählt. Die Ursache der Störung ist unerheblich. Eine Ausnahmeregelung ist nicht vorgesehen.

In der Schweiz werden Medikamente von den obligatorischen Krankenkassen bezahlt, wenn gemäß Art. 32-34 des Krankenversicherungsgesetzes (KVG) die Wirksamkeit wissenschaftlich nachgewiesen wurde, die Behandlung zweckmäßig und wirtschaftlich ist und der Bundesrat bzw. das zuständige Amt die Kostenübernahme der Leistung nicht ausschließt.

In Österreich sind die Bestimmungen in §116ff. des Allgemeines Sozialversicherungsgesetzes (ASVG) maßgeblich. Grundsätzlich werden die Kosten nur bei der Behandlung einer Krankheit erstattet.

Potenzmittel

Als Potenzmittel, Erektionshilfen bezeichnet man umgangssprachlich Wirkstoffe, die der Bekämpfung der erektilen Dysfunktion (Impotenz) dienen sollen.

Übersicht

Neben historisch bekannten volkstümlichen Potenzmitteln (z. B. spanische Fliege) und meist unwirksamen unseriösen Mitteln, die in Illustrierten angeboten oder durch Spam-Mails beworben werden, sind von der pharmazeutischen Industrie in der letzten Zeit viele neue, medizinisch nachweisbar wirksame Potenzmittel entwickelt worden, die man in Form von Tabletten oder Dragees einnehmen kann.

Bei den peroralen Wirkstoffen unterscheidet man

*   Initiatoren (mit erektionsauslösender Wirkung),
*   Konditionierer (Unterstützung der Bedingungen für eine E-rektion).

Daneben gibt es noch andere Maßnahmen gegen die erektile Dysfunktion:

*   die Schwellkörperinjektion direkt in den Penis (z. B. mit *Caverject* oder *Viridal*),
*   direkt in die Harnröhre einzuführende Therapeutika (z. B. *Muse*),
*   Vakuum-Erektionshilfen oder
*   Beckenbodentraining.

In der Regel als ultima ratio kommen chirurgische Eingriffe in Frage (siehe Artikel: Penisvergrößerung). Darunter zählen die Einpflanzung hydraulischer Penisprothesen sowie die sogenannte Penisaugmentation. Diese Methoden werden auch eingesetzt, wenn der Penis – zumindest subjektiv – generell zu klein ist.

Erektionsprobleme sind häufig Anzeichen noch schwerwiegender Erkrankungen als die erektile Dysfunktion selbst und bedürfen in der Mehrzahl der Fälle einer raschen Behandlung, um Folgeschäden auszuschließen.

Medikamentöse Potenzmittel

Übersicht über potenzsteigernde Arzneistoffe:

*   Cantharidin (Wirkstoff aus der spanischen Fliege)
*   Yohimbin
*   L-Arginin

- Apomorphin
- PDE-5-Hemmer: Sildenafil (Viagra), Vardenafil (Levitra), Tadalafil (Cialis)
- Melanocortinrezeptor-Agonisten: Bremelanotid
- Maca
- Alprostadil

PDE-5-Hemmer

Zu den PDE-5-Hemmern zählen die „Potenzmittel" der neueren Generation wie die Arzneistoffe Sildenafil, Vardenafil und Tadalafil. Alle haben sie ein gemeinsames Wirkprinzip: Durch Hemmung des Enzyms Phosphodiesterase-5 werden Gefäße in den Geschlechtsorganen weit gestellt und ermöglichen so eine verbesserte Durchblutung.

Im Vergleich stellen sich die derzeit am Markt verfügbaren PDE-5-Hemmer folgendermaßen dar:

Als erstem Vertreter der Wirkstoffgruppe besteht mit Sildenafil die längste Erfahrung in der therapeutischen Anwendung, positive Erfahrungen gibt es auch bei Problemgruppen. In die Kritik geriet Sildenafil mit Fällen von Herztod, die im zeitlichen Zusammenhang mit der Einnahme gemeldet wurden.

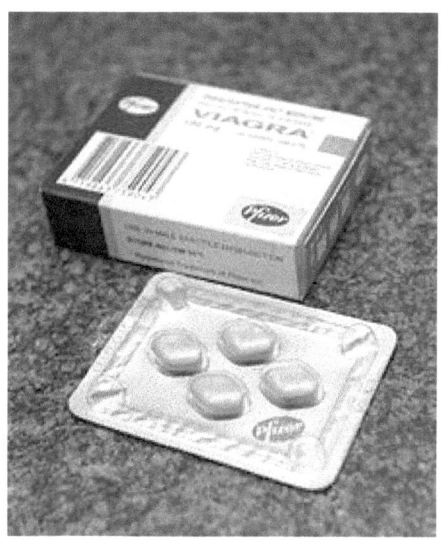

Eine Packung Viagra

Generell sind Nebenwirkungsspektrum und -stärke bei allen drei Präparaten vergleichbar. Bei mangelnder Wirkung eines Präparates (Non-Responder) hilft es gelegentlich - aber nicht oft - eines der anderen Präparate zu verwenden. Die längere gewünschte Wirkung von Tadalafil geht mit verlängerte unerwünschten Wirkungen (teilweise Sehstörungen, Kopfschmerzen, Blutdruckabfall etc.) einher.

Untersuchungen haben gezeigt, dass bei Männern, die auf Viagra allein nicht ansprechen (Viagra-Non-Responder), oft eine Wirkung eintritt, wenn vorher Arginin eingenommen wurde. In anderen Fällen konnte mit der Aminosäure Arginin eine Art Dosiseinsparungseffekt festgestellt werden. Arginin setzt NO (Stickstoffmonoxid) frei, welches eine Erweiterung (Dilatation) der Blutgefäße bewirkt. Daher wird die Einnahme der Aminosäure Arginin als natürliche Alternative zu den PDE-5-Hemmern bei ED (erektiler Dysfunktion) gesehen.

Yohimbin

Das aus der Rinde des Yohimbe-Baumes gewonnene und oral angewendete Yohimbin wird ebenfalls bei Erektionsstörungen eingesetzt.
Seine Wirkung soll einerseits auf die Blockade von α_2-
Adrenozeptoren auf Blutgefäßen in den männlichen Geschlechtsorganen und andererseits auf die Blockade von α_2-Adrenozeptoren im
Zentralnervensystem zurückzuführen sein. In höherer Dosierung
wirkt Yohimbin außerdem an Serotonin-(5-HT)-Rezeptoren. Mit dem
Aufkommen der gut wirksamen PDE-5-Hemmer für die Behandlung
der erektilen Dysfunktion ist die Bedeutung des schwach und unzuverlässig wirkenden Yohimbins aber zurückgegangen.

Prostaglandin-E1 Analoga

Alprostadil

Alprostadil ist ein Gewebshormon, welches in den Muskelzellen der
Arterien eine Erschlaffung bewirkt. Dadurch erweitern sich diese
Blutgefäße, das umliegende Gewebe wird verstärkt durchblutet.

Schwellkörperinjektion

Alternative Bezeichnungen für die Schwellkörperinjektion sind:
Schwellkörper-Auto-Injektions-Therapie (SKAT) und Penisspritze.
Hierbei wird das Prostaglandin-E1 Analogon Alprostadil in den
Schwellkörper gespritzt und es kommt zum Erschlaffen der glatten
Muskulatur und zu Bluteinstrom. Alprostadil ist als Wirkstoff in den
gängigen Präparaten Caverject und Viridal enthalten. Diese Therapie
gibt es seit den 1980er Jahren.

Die richtige Dosierung muss in mehreren Sitzungen mit dem Facharzt
ermittelt werden. Dabei wird auch die richtige Anwendung (Einstichstelle, Einstichtechnik, Anwendungshäufigkeit und zeitlicher Min-

destabstand) erlernt, da bei nicht sachgerechter Anwendung die Gefahr einer mehrstündigen schmerzhaften Dauererektion besteht. Weiterhin können Verletzungen der Harnröhre, der Gefäße oder der Nerven auftreten. Der Wirkstoff wird direkt in den Schwellkörper gespritzt. Weil die Nadel sehr dünn ist, ist die Injektion fast schmerzfrei.

Häufigste Nebenwirkung auch bei sachgerechter Anwendung sind Penisschmerzen und Narbenbildung am Injektionsort. Bei richtiger Dosierung tritt nach wenigen Minuten die Erektion auf, die etwa eine Stunde anhält. Die Erfolgsrate liegt bei ca. 70 bis 80 %.

Weitere Verabreichungswege

Neben der Injektion gibt es auch die - nicht ganz so erfolgreiche - Möglichkeit, dass der Wirkstoff Alprostadil über ein in die Harnröhre eingeführtes Stäbchen („Minizäpfchen") angewendet wird („Medicated Urethral System for Erection" = MUSE). Im Versuchsstadium befindet sich das Verfahren, den Wirkstoff mittels einer Salbe oder eines Gels auf der Penisaußenseite aufzutragen.

4.Kapitel: Mechanische Hilfsmittel

Mechanische Erektionshilfen

Penispumpe

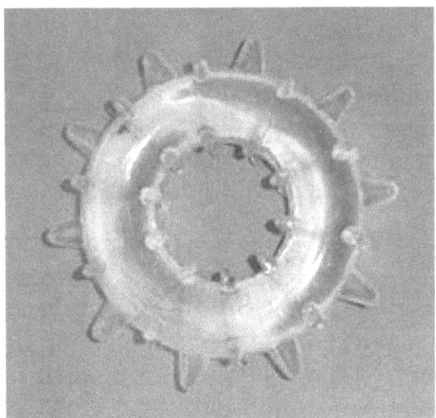

Ein Cockring aus Kunststoff

Eine Penispumpe ist ein Zylinder, der über den Penis gesteckt wird, verbunden mit einer manuellen oder automatischen Pumpe, um eine Saugwirkung zu erzielen. Durch den entstehenden Unterdruck wird Blut in den Penis gezogen, was ihn steifer macht. Steigt das Vakuum, steigt auch der Druckunterschied zwischen dem inneren Blutdruck und dem umgebenden Luftdruck; Übermäßiger Druck führt zu Schäden an den Blutgefäßen statt zu einem härteren Glied.

Solche Pumpen wurden ursprünglich zur externen Erektionsauslösung bei Diabetikern oder Querschnittsgelähmten entwickelt. Auch finden sie ihren Einsatz in der Behandlung von Impotenz. Es gibt sie in verschiedenen Preiskategorien, die hauptsächlich durch die Art der Pumpe definiert werden. Zu den Pumpen werden oftmals auch Cockringe verwendet, die nach dem Erzeugen der Erektion um das untere

Ende des Penis gelegt werden, um die Erektion aufrechtzuerhalten, nachdem die Pumpe entfernt wurde.

Wegen der gefährlichen Nebenwirkungen von Pumpen werden diese von führenden Urologen inzwischen nicht mehr empfohlen. Jede Woche werden in der Urologischen Abteilung des Universitätsklinikums in München/Großhadern durchschnittlich 15 Patienten wegen geplatzter Venen im Penis operiert. Die Folgen bei Nichtbehandlung des Zustands können Impotenz, Thrombose, Blutvergiftung und ein Absterben des Penis sein.

Quetschen und Massieren

Übungen, die im Wesentlichen darin bestehen, mit der Hand Blut vom Becken in den Penis zu pressen, sollen regelmäßig wiederholt werden. Bei diesen Übungen kann schnell das Schwellkörpergewebe überlastet werden. Auch sind irreparable Gefäßschäden nicht auszuschließen. Es gibt keine wissenschaftlichen Studien, die eine Wirksamkeit bestätigen.

Medikamente aus illegalem Verkauf

Der Vertrieb von potenzsteigernden Medikamenten ist ein lukrativer Milliardenmarkt für die Pharmaindustrie, aber auch von Betrügern, die gefälschte Präparate im Internet anbieten.

Entsprechende Tropfen auf pflanzlicher Basis werden im Internet in großem Stil, etwa durch Spam-Mails, beworben. Die nachweislich sehr wirksamen rezeptpflichtigen Präparate Viagra und Cialis sind die meistbeworbenen Produkte. Fälschungen von Viagra sind vielfach einträglicher als der Handel bestimmter illegaler Drogen. Der Erwerb von rezeptpflichtigen Medikamenten aus illegalem rezeptfreien Verkauf ist mit Gesundheitsrisiken behaftet, da die Pillen in sehr großen Mengen gefälscht werden.

Bei einer Analyse von „Flora Research" in Kalifornien und der Universität Maryland wurden verschiedene gesundheitsgefährdende Stoffe in solchen Tablettenfälschungen festgestellt. Darunter Erde, Hefe, gefährliche E.-coli-Bakterien, Pestizide und Blei. Eine amerikanische Firma, die intensiv solche Pillen vertrieben hatte, wurde von den Behörden geschlossen und vor Gericht gestellt, weil sie wirkungslose Tabletten verkaufte und außerdem Kreditkartenbetrug beging.

Levitra (EU, USA, CDN), Vivanza (EU), Vilitra

Quellen:

1.Hintergrund und Ursachen der Potenzstörung

http://de.wikipedia.org/wiki/Erektile_Dysfunktion

2. Allgemeines über Potenzmittel

http://de.wikipedia.org/wiki/Potenzmittel
http://de.wikipedia.org/wiki/Beckenbodentraining

3. Medikamentöse Behandlung

http://de.wikipedia.org/wiki/Sildenafil
http://de.wikipedia.org/wiki/Maca_%28Pflanze%29
http://de.wikipedia.org/wiki/Bremelanotid
http://de.wikipedia.org/wiki/Yohimbin
http://de.wikipedia.org/wiki/L-Arginin
http://de.wikipedia.org/wiki/Cantharidin
http://de.wikipedia.org/wiki/Apomorphin
http://de.wikipedia.org/wiki/Tadalafil
http://de.wikipedia.org/wiki/Vardenafil
http://de.wikipedia.org/wiki/Potenzmittel#Medikamente_aus_illegal
em_Verkauf

4. Mechanische Hilfsmittel

http://de.wikipedia.org/wiki/Potenzmittel#Mechanische_Erektionshi lfen

Zeitfracht Medien GmbH
Ferdinand-Jühlke-Straße 7
99095 Erfurt, Deutschland
produktsicherheit@kolibri360.de